문명과 야만의 블록버스터

| 김창진 지음 |

문명과 야만의 블록버스터
영화로 보는 제국의 역사

초　판　　1쇄 발행　2010년 4월 26일

지은이　　김창진
펴낸이　　정병인
펴낸곳　　도서출판 자리
디자인　　정면
등　록　　2007년 7월 10일 제2007-181호
주　소　　서울 마포구 서교동 395-99 301호(우 121-840)
전　화　　02-332-5767
팩　스　　03030-345-5767
이메일　　book@gotomorrow.co.kr

ISBN 978-89-961706-3-1(03900)

영화로 보는 제국의 역사

문명과 야만의 블록버스터

| 김창진 지음 |

차례

일러두기 대체로 표준외래어 표기법에 따랐으나 그리스어와 러시아어 인명과 지명은 가능한 원음에 가깝게 표기함.

서장

영화, 역사, 그리고 제국

이미지의 제국, 제국의 이미지

사람들이 살아가는 일상생활에서 지난 20세기가 그 이전 시대와 크게 달라진 것 중 하나는 시청각 매체의 대중화일 것이다. 세상의 거의 모든 것이 텔레비전과 영화, 그리고 인터넷의 화면 속에 담겨 수십 억 인구의 눈앞에 생생하게 전달됨으로써 바야흐로 '이미지의 제국' 이라 할 만한 시대가 된 것이다. 이 새로운 영상세계에서 인쇄술의 발달 이래 전통적인 활자문서의 형태로 기록된 이야기는 뒷전으로 밀리고 있다. TV사극이나 다큐멘터리, 영화, 그리고 최근에 보급된 동영상은 일반인들에게 살아있는 문서요, 흥미로운 실체로 다가오지만 본격 문학과 역사 같은 '정통' 기록물들은 고리타분해 외면하고 싶은 장르로 대접받기 일쑤다. 학생들이 고급 교양을 쌓는 과정인 대학에서도 사정은 별반 다르지 않다.

넘쳐나는 영상물이 세계 각지의 사람들에게 그저 사소한 오락거리에 그치는 것이 아니라 구체적인 삶의 현실을 구성하고 그것을 통해 세계를 인지하는 중심적인 창이 되는 시대에 우리가 살고 있기 때문에 '이미지의 제국' 은 진지한 접근을 요하는 문제다. 이 책에서는 저자의 관심을 반영해 '영화의 정치학' 을 주제로 선택하는 바, 구체적으로는 '제국의 이미지' 가 주로 서구에서 만들어진 영화들에 어떻게 표현되고 있는가를 살펴보고자 한다.

이렇게 대상을 선택하면서 고려한 것은 두 가지다. 그 중 하나는 이미지의 제국에서 가장 강한 영향력을 발휘하는 주체가 바로 20세기 세계제국인 미국-'할리우드'로 상징되는-이라는 사실이고, 다른 하나는 바로 그 미국의 헤게모니가 지금 중대한 전환기를 맞고 있다는 현실이다. 따라서 미국의 어제와 오늘을 역사상 다른 제국들의 흥망성쇠의 맥락에서 반추해보는 것도 나름대로 의미 있는 작업이 될 것이다.

유럽인과 미국인들이 자신들의 '영광스런' 과거를 회고하고 기억하고 소비하는 방식은, 영화가 대중용 오락이 된 20세기 중반 이후 한국인을 포함한 비서구인들에게도 별 여과 없이 그대로 수용되었다. 과거를 지배하는 자가 현재를 지배한다고 했던가. 그렇다면 우리는 과거에 대한 기억을 지배하는 자가 과거를 지배할 수 있다고 말할 수 있을 것이다. 21세기 들어 미국 패권의 쇠퇴 조짐이 완연하고 19세기 이후 세계무대에서 가라앉았던 중국·인도·한국 등 아시아의 주요 국가들이 다시 떠오르고 있다. 이러한 문명사의 전환기에 처한 오늘, '영화로 보는 제국의 역사'는 대부분의 경우 서구중심주의(Eurocentrism)[1]에 물든 기존 영화인들의 세계사 쓰기와 기억 방식에 대한 재해석 작업의 하나로서 작지 않은 의미를 가질 것이다.

역동적인 시 · 공간의 창조

2) A. 하우저, 백낙청 · 염무웅 공역, 《문학과 예술의 사회사 : 현대편》(창작과 비평사, 1974), 241쪽

예술사가인 아놀드 하우저가 지적했듯이, 20세기 초반 영화가 스타일 면에서 가장 현대적 장르로 여겨진 것은 무엇보다도 그것이 새로운 시간 개념을 만들어낸 것처럼 보였기 때문이다.[2] 다른 예술 장르에서 사람들은 단지 평면적 시간과 정적(靜的)인 공간 속에서만 움직이는 사건과 인물, 풍경을 보아 왔지만, 영화에서 시간과 공간은 4차원적으로 결합되어 '시간 · 공간'이라는 새로운 무대가 만들어졌다. 여기에서 시간은 어느 정도 공간적 성격을 띠고 공간은 시간적 성격을 띠게 된다. 근대 인간의 일상세계가 가장 민감하게 지각하는 시간과 공간의 경계가 명백하지 않고 유동적이고 복합적으로 된 것이다.

영화처럼 움직이는 장면들을 통해 이야기를 구성하는 연극에서 시간은, 그것이 반드시 경험적 현실의 순서와 일치하는 것은 아니지만, 대체로 내용의 진개에 따라 질서 있게, 연속적으로 흐르는, 객관적인 것이다. 하지만 영화에서 시간은 많은 경우 그 연속성과 직선적 성격을 잃어버리고 주관적이고 중층적인 것으로 바뀐다. 클로즈업으로 시간을 정지시킬 수 있는가 하면, 플래쉬 백(flash-back)으로 거꾸로 돌릴 수도 있고, 회상 장면에서 반복될 수도 있는가 하면, 미래의 어느 시점으로 껑충 뛰어나갈 수도 있다. 동

시에 일어나는 사건을 전후 순서로 보여줄 수 있는가 하면, 시간차를 두고 따로 일어난 사건들을 몽따쥬 수법을 통해 동시에 보여줄 수도 있다. 시간이 공간적 특성으로 포착되는 순간들이다.

영화에서는 공간 또한 거기 그대로 놓여 있는 수동성을 탈피해 바로 관객들의 눈앞에서 자유롭고 유동적으로 재구성된다. 개별적인 장소들이 개별적인 인물과 사건들에만 소속되는 것이 아니라 전혀 별개의 공간이 밀접하게 연관되기도 하고, 같은 공간이라도 매우 다른 가치를 가진 것으로 재구성되기도 한다. 동질적인 물리학적 공간이 여기서 이질적 요소로 구성되는 역사적 시간의 특성을 갖게 되는 것이다.[3]

이처럼 새로운 시간과 공간 체험을 가능하게 해준 영화의 발전은 다른 장르보다 대중적인 예술로 성공할 수 있는 가능성이 큰 이점을 지니고 있었다. 상당한 훈련 과정을 거쳐야 제대로 이해할 수 있는 클래식 음악이나 미술과 달리, 영화는 그저 길을 가다 극장에 들어서면 즐길 수 있는 장르가 된 것이다. 영화가 논리적 사고의 노동을 완전히 배제하는 것은 아니지만, 좌석에 앉은 관객에게 크게 어필한 것은 그동안 다른 장르가 주지 못한 역동적인 감각적 체험이었다. 그리고 그것은 유럽이 다른 지역보다 앞섰던 근대의 기계문명과 여가를 즐기고자 하는 대중의 출현이 행복하게 만나는 자리였다.

1897년 프랑스의 뤼미에르 형제가 처음 영사기를 발명하고 〈라 시오타 역으로 들어오는 기차〉라는 장면을 보여주었을 때, 아무도 이 새로운 매체가 불과 몇 십 년 만에 그렇게 많은 대중을 사로잡고 한 세기가 넘도록 현대적인 예술형태로서 자신의 매력과 영향력을 유지할 줄 몰랐을 것이다. 비록 20세기 초 유럽의 지식인들과 교양인들이 영화를 일러 "우롱과 방탕의 기계, 무식한 사람들과 일에 지쳐 빠진 가련한 사람들의 시간 죽이기"라며, 그 '바보들의 스펙터클'에 끼어들지 않으려고 했음에도 말이다.[4]

주관성의 세계로 역사를 기록

기계문명을 숭상하고 대중들의 여가 즐기기가 중요한 사회적 추세가 됨으로써 영화라는 신종 스펙터클이 주목받게 된 것은 단지 자본주의 유럽이나 거기에 뗏줄을 댄 미국만이 아니었다. 1917년 이래 '사회주의' 이데올로기를 깃발삼아 새로운 사회체제를 만들어나갔던 소련에서도 초기부터 영화는 매우 각광받는 매체가 되었다. 아니 좀 더 정확하게 말하자면, 소련이야말로 영화라는 새로운 장르가 그 사회적 의미를 획득한 최초의 나라였다.

새로운 사회체제와 새로운 매체는 전통적인 방식을

4) 마르크 페로, 주경철 옮김, 《역사와 영화》(까치, 2000), 33쪽

5) 마르크 페로의 책은 소
비에트 영화의 발전과 그
특성에 관해 많은 비중을
할애하고 있다. '역사와
영화'에 관한 그의 연구들
은 선구적이다.

벗어나 대중들에게 새로운 의미를 전달하고자 한 소비에트 지도자들과 예술가들에게 참으로 어울리는 조합이었다. 뉴스영화는 물론 1920년대부터 교육영화, 과학영화, 애니메이션 등이 국영영화사를 통해 진보를 거듭했고, '예술영화' 또한 경시되지 않았다. 세계영화사는 그 첫 페이지에 에이젠슈테인, 푸도브킨, 쿨레쇼프, 베르토프 등 이제는 고전이 된 실험정신으로 굵은 족적을 남긴 소련 영화인들의 이름을 도드라지게 기록하고 있다.[5]

이처럼 영화가 압도적인 대중들을 확보하고 그럼으로써 사회적 의미를 가지는 순간, 그것은 영화 내부의 세부 장르를 막론하고 하나의 사회적 기록, 곧 역사가 된다. 기술이나 오락, 예술 그 모두에도 해당되지만, 영화는 또한 역사를 서술하는 중요한 방법이자 역사를 해독하는 흥미있는 자료가 된 것이다. 문서보관소에서 먼지를 뒤집어쓴 채 쌓여 있던 옛날 자료들이나 공식적으로 출판된 문헌들에만 권위를 부여하던 시대는 지나가고 우리 시대의 역사가는 영상의 세계에서 표현된 인간들의 갈등과 사건들의 성격, 그리고 특정한 장소의 상징성들에도 전통적인 자료들 못지않은 주의를 기울이게 된 것이다. 역사가들의 작업을 기반으로 하는 사회과학자들 또한 영상매체의 의미를 지나칠 수 없게 된 것은 물론이다.

하지만 '역사로서의 영화'는 객관적이지 않다. 전통

　　　서장

적인 의미의 역사가들은, 그들이 실제로 왕과 국가, 교회, 그리고 특정한 계급과 이데올로기에 봉사하고 있을 때라도 공식적으로는 '객관성'을 자신들이 수행하는 작업의 정당성의 기초로 삼아 왔다.[6] 그러나 영화인들은 처음부터, 심지어 다큐멘터리 작가들조차 작품의 완성도나 최우선적인 가치를 객관성에 두지 않는다. 거꾸로 그들은 자신들의 주관성을 공공연히 내세우길 좋아한다. 시나리오 작가와 촬영 및 편집 기사, 그리고 배우나 감독들 중 어느 누구도 스스로 훌륭한 역사가로서 긍지를 가지지는 않을 것이다. 영화를 보는 관객들 또한 영화인들에게 그런 역사가의 덕목을 첫째가는 요소로 요구하지는 않는다. 오히려 독자적인 주관성의 세계를 구축한 사람들이야말로 훌륭한 영화인으로 여겨지는 것이다.

그럼에도 불구하고, 영화의 내용들이 그것을 관람하는 수많은 대중들에게 부지불식간에 하나의 사실로 받아들여진다는 것은 또 다른 중요한 문제이다. 소수의 작품들을 제외하고는 대부분의 영화가 특정한 시대나 민족, 종교, 지역에 대한 역사의 서술로 의도되지 않았음에도 불구하고 극장과 안방에서 그것들은 하나의 기정 사실, 곧 대중적 역사로 수용되고 있다.

관객은 영화에서 다룬 내용과 관점을 새삼스럽게 학문적으로 검증해 보려고 하지 않는다. 다만 자기 눈에 들어

6) 페로는 "역사가의 이데올로기와 성격은 다양하게 변해왔지만, 그들의 기능은 거의 변하지 않았다"고 말한다. 앞의 책, 30쪽.

온, 자기 가슴에 남은 이미지에 따라 특정한 사건과 인물, 그리고 그들이 주요한 등장인물로 꾸며 가는 세계를 인식하게 되는 경우가 다반사이다. 주관성 강한 이야기 구성과 화면(영화)이 역동적이고 감각적인 스크린을 통해 관중에게 전달되면서 객관성의 기록(역사)이라는 의미 전환을 일으키는 효과를 갖는 것이다.

또한 영화는 자신도 모르게 역사를 기록하는 매체이다. 문학이나 심지어 조형예술도 그러하지 않은 것은 아니지만, 영화는 보다 즉물적으로 인물과 사건과 장소들의 시대성을 반영한다. 그것은 꼭 사극에 한정된 것만은 아니고 멜로드라마나 액션물, 또는 겉으로는 사회적 기록과 아무 상관도 없어 보이는 판타지나 공상과학영화에도 해당되는 말이다. 어떤 장르에서도 영화의 카메라는 특정한 시대와 사회의 의상, 말투, 음식, 건축과 사고방식, 그리고 인간관계를 완전히 무시하지는 못한다.

다만 그것들을 반영하는 방식이 고증일 수도, 알레고리일 수도, 은유일 수도 있지만, 설령 화면에 담긴 장면들이 작가의 완전한 창작이라고 할지라도 그것은 그것대로 당대의 창작 방식을 보여주는 하나의 사례가 될 수 있다. 따라서 역사가와 사회과학자들이 관심을 가지는 영화들이 반드시 특정한 정치적·국제적 사건을 다룬 것일 필요는 없는 것이다.

서장

영화의 정치학

학자들이 어떤 사극을 보고 이것이 잘못됐다, 저것은 문제다, 라고 지적하는 것은 충분히 있을 수 있는 일이지만, 그렇다고 시나리오 작가와 영화감독들이 그들의 지적을 다 수긍하지는 않을 것이다. 영화인들은 스스로 엄밀한 의미에서 역사가라고 생각하지 않기 때문이다. 그렇다고 하더라도 연구자들의 지적이 전혀 무의미한 것은 아니다. 영화가 아무리 주관적인 작품이라 할지라도 그것은 하나의 사회적 생산물이며, 영화평론가들의 비평과는 다른 수준에서 그 내용과 배경, 스타일, 세계관 등에 대한 전문가들의 문제제기를 피할 수는 없다. 인간이 꾸려가는 삶의 다양한 양상들을 과거와 현재, 또는 미래의 시점에서 재구성해 수십억 인구에게 보여주는 영화가 엄청난 사회적 영향력을 행사하는 상황에서는 두 말할 나위가 없다. 학자들은 바로 그런 현실을 연구 대상으로 삼는 것이고, 활자 매체의 독자들에게 가능하면 사실에 근접한 내용을 전달하고자 하기 때문이다.

그런데 영화가 '정치적'이라고 말할 때 그것은 반드시 그 영화의 소재가 정치적 사건을 다루고 있다거나 그 작품을 만든 작가의 세계관이 특정 이데올로기와 직접 연관되어 있다는 뜻은 아니다. 여기서 정치적이라는 말은 매우 넓은 뜻으로 쓰이고 있는데, 한편으로는 '화면에 보이는 것이 전부가 아니다'라는 의미이고, 다른 한편으로는 화면에 보이는 장면이나 카메라의 앵글이 뜻하는 것은, 감독이나 배우들의 의도와 상관이 있든 없든, 특정한 정치·사회적 맥락을 반영하고 있다는 말이다. 자신의 일상생활이 현실 정치(realpolitik)와 아무런 상관이 없다고 생각하는 바로 그 사람의 생각과 행동이 사실은 보다 넓은 맥락에서 그 사회의 구조와 국가의 정책, 심지어는 국제적 사건에 커다란 영향을 받고 있듯이, 영화가 선택하는 소재와 표현의 방법 또한 그 영화가 만들어지고 배급되는 사회·정치적 컨텍스트를 완전히 벗어날 수는 없다는 말이다.

그런 의미에서 심지어는 모든 영화가 다 정치적이라는 말도 성립할 수 있겠지만, 논의의 집중도와 효율성을 위하여 우리는 특정한 주제와 소재를 감안하여 대상을 선택할 수밖에 없다. 영화의 '정치성'은 그 정도가 모든 영화들에 일률적으로 적용되는 것이 아니라 그 영화를 선택하는 관점과 접근방법에 따라 차등적이라고 할 수 있다. 역사적으로 유명한 혁명과 반란을 다룬 영화가 비정치적이라고 볼 수도 있고, 한 소시민의 일상을 다룬 영화도 논자에 따라 지극히 정치적일 수 있는 것이다. 영화를 만드는 사람들은 자기네 영화의 정치성을 처음부터 의식할 수도 있고, 전적으로 부정할 수도 있다. 따라서 우리가 말하는 '영화의 정치학'은 영화의 내용 자체는 물론이지만, 그 영화에 대한 해석의 문

　서장

제와 더욱 깊은 관련을 갖는다고 말할 수 있다. 감독은 주인 공들의 대사만을 통해서 자신의 메시지를 전달하는 것이 아 니라 스쳐 지나가는 풍경, 세트 장치와 소품, 카메라의 앵글 과 소리(음악), 빛과 그늘(색채), 그리고 여러 가지 편집 방법 을 동원하여 영화의 주제를 공공연히 또는 은밀하게 드러내 고 관객들의 흥미를 이끌어내고자 한다.

대다수 영화가 150분 이내의 제한된 시간에 길고도 복잡한 역사와 사건들을 압축해야 하는데, 거기에서 내용 상 주관적인 선별 작업이 일어나지 않을 수 없다. 또한 거 의 모든 영화는 관객들의 관심을 끌고 집중도를 높이기 위 하여 집단과 계급, 종교, 국가 간에 펼쳐진 거대 서사를 한 두 명의 등장인물들의 드라마틱한 이야기로 각색하는 것이 다. 이념과 서사의 인격화이다.[7]

이처럼 영화의 작업 과정에서 특정 인물이나 풍경, 사 건에 대한 의도적 확대나 축소, 가리기, 클로즈업 등이 일 어나는데, 바로 그런 기술적 측면 또한 영화의 정치성을 반 영하는 중요한 방법이 된다. 그런데, 여기서 흥미 있는 사 실은 영화를 이렇게 저렇게 만든 사람들의 의도가 항상 관 객들에게 그대로 전달되는 것만은 아니라는 것이다. 어떤 경우에는 정반대 효과를 불러일으키기도 한다. 마르크 페 로가 "이미지는 그것이 나타내는 내용 그 자체보다는 차라 리 그 이미지를 장악하고 그것을 전파하는 세력에 대해서

7) 로버트 W. 그레그는 바 로 이런 '이념의 인격화' 를 지적하면서 '영화를 통 한 국제정치의 이론 학습' 이 가지는 문제점을 말하 고 있다. 여문환·윤상용 옮김, 《영화 속의 국제정 치》(한울아카데미, 2007), 22쪽.

8) 마르크 페로, 앞의 책, 13쪽. 그에 따르면 "예컨대 알렉산드르 네프스키는 중세 러시아만큼이나 스탈린 시대의 소련을 나타내고 있다."

정보를 주는 경우가 더 흔하다"고 지적할 때 뜻하는 바가 바로 이것이다.[8] 따라서 우리는 영화의 안과 밖을 동시에 볼 필요가 있다.

영화 속에 묘사된 제국

영화의 정치성이 가장 직접적이고 풍부하게 드러나는 소재가 바로 특정 민족이나 종교, 국가의 역사를 직접 다루거나 또는 그것들을 배경으로 하는 영화들이라고 할 수 있다. 거기에서는 온갖 종류의 사건과 인간군상이 출몰하는데 영화는 어떤 방식으로든 그것들을 당대의 관객에게 재현하여 보여주기 때문이다. 여기에서 '어떤 방식'이냐가 매우 중요한데, 그 재현의 양상과 의도, 방법, 효과 등이 이 책에서 살펴보려는 대상이자 목표라고 할 수 있다. 그 중에서도 저자는 특히 서력기원 전후부터 문명사에서 상대적으로 큰 비중을 차지한(다고 여겨져 온) 제국들의 역사를 배경으로 한 영화들을 선택했다. 인류의 역사에서 제국체제는 수천 년간 지배적인 정치·경제체제로 존속해 왔고 그만큼 수많은 사람들에게 막대한 영향을 미쳐 왔다. 우리가 알고 있고 익숙한, 개별적인 국민국가체제는 근대에 들어와서야 일반화된 지배양식이다.

혹자는 제국 또는 제국주의라는 현상을 이미 사라져

버린 옛날 이야기라고 치부할지도 모른다. 하지만, 좀 더 냉정하게 오늘의 세계를 관찰해보면 광대한 영역에 걸친 과거 또는 현시대 제국의 우산 아래서 부상하고 쇠퇴하는, 중첩되는 경제·문화적 공간을 차지하려는 국가와 민족들 사이에서 벌어지는 지속적인 싸움을 볼 수 있다. 곧 제국주의는 역사의 유령으로만 우리 주위를 배회하는 것이 아니라 현재진행형으로 우리 삶의 구조와 형태를 규정하는 힘을 여전히 발휘하고 있는 것이다. 한 세기를 주름잡았으나 심각한 경제위기와 대외전쟁으로 비틀거리는 미국에서부터, 막강한 실체로 부상하는 중화주의, 그리고 유럽열강의 식민지 유산과 연결된 저 아프리카의 종족분쟁을 보라. 아니 아직도 준전시상태를 벗어나지 못하고 있는 한반도의 현실은 그 기원으로 볼 때 일본 제국주의의 유산에다 미국과 소련이 주도한 냉전체제의 연속이 아니던가?

이 책은 영화평론집이 아니고 영화를 소재로 한 일종의 문화정치론이기 때문에 기본적인 용어들에 대해서는 약간의 정리를 해두는 것이 필요하다. 우선 '제국'과 '제국주의'라는 개념만 살펴보자면, 다른 많은 학술 용어들처럼 이것들 또한 매우 다양한 정의가 내려져 있기 때문에 우리는 불가피하게 그 중 한두 개를 선택하거나 종합하려는 시도를 하지 않을 수 없다. 영국의 역사가인 스티븐 하우는 제국과 제국주의를 이렇게 정의하고 있다.

9) 스티븐 하우, 강유원·한동희 옮김, 《제국》(뿌리와 이파리, 2007), 65쪽. (번역서에는 제국의 정의에 관해 '한 개 이상의 인종 또는 민족'이라고 되어 있으나 좀 더 뜻이 잘 통하게 하기 위해 인용자가 '한 개 이상'을 '다양한'으로 바꿨다)

10) Michael W, Doyle, *Empires*(Itacha, N.Y. and London, 1986), p. 45

"제국이란 광대하고 복합적이며, 다양한 인종 또는 민족을 내포하는 정치단위로, 주로 정복에 의해 창출되고, 지배하는 중심과 예속되는 (때때로 지리상으로 멀리 떨어진) 주변부들로 나뉜다. 제국주의는 그런 거대한 정치단위들을 만들어내고 뒷받침하는 행동이나 태도를 가리킨다. 그러나 한 민족이나 국가를 간접적으로 통제하거나 지배하는 것을 의미하기도 한다."[9]

제국이 일종의 대상, 주로 정치적인 실재에 관한 말이라면, 제국주의는 과정을 가리키는 말이라는 것이다. 다른 한편, 지배국가와 피지배국가의 상호관계를 중시하는 국제정치학자인 마이클 도일에 따르면,

"제국은 한 국가가 다른 정치사회의 실제적인 정치적 주권을 통제하는, 공식적 또는 비공식적 관계이다. 그것은 강제(폭력)를 통해서, 정치적 협력을 통해서, 경제·사회·문화적 종속을 통해서 성취될 수 있다. 제국주의는 제국을 형성하거나 유지하는 과정이다"[10]

두 학자의 정의를 통해서 우리는 흔히 혼용되는 제국과 제국주의가 학술적으로는 동일한 뜻을 가진 것이 아니라는 것을 알 수 있다. 요컨대, 제국이란 다양한 인종과 민족을 포괄하는 광대한 영토일 뿐만 아니라 중심부국가와 주변부국가의 지배·종속관계가 그 핵심이라는 것, 그리고 제국주의는 그런 관계를 만들고 유지하고자 하는 정책

이나 태도, 이데올로기를 가리킨다고 보면 될 것이다.

역사상 부침을 거듭한 수많은 제국들은 한편으로 그 숭배자들이 찬양해마지 않듯이 전성기에 문명의 발전과 교류에 지대한 공헌을 했는가 하면, 주로 그 성립기와 몰락기에는 그 사회적 파괴력 또는 무능력으로 인류에게 엄청난 재앙을 가져다주기도 하였다. 그 둘은 서로 밀접하게 관련된 현상이다. 따라서 빛과 그늘의 양면성을 가진 제국의 역할 중 어느 한쪽만을 지나치게 강조하는 것은 역사적 사실에 어긋난다고 할 수 있다. 그러나 역사학자든, 정치가든, 저널리스트든 그 누구도 역사를 '완전히 객관적' 으로 평가할 수는 없기 때문에 여러 가지 형태의 지적 작업의 산물들에 어느 정도의 주관과 편견이 끼어들어가게 된다는 것은 아마 불가피한 현상일 것이다.

그런데 여기에서 우리가 주목하는 문제는 역사적인 제국체제의 다양한 측면에도 불구하고, 그것은 본질적으로 '자기 보순적 기획' 이라는 것이다. 다시 말해 어떤 제국도 그 자체의 고유한 내부 모순으로 말미암아 영속적인 체제로 유지되지 못하고 일정한 시간이 지나면 붕괴나 소멸의 운명을 피할 수 없다는 것이다. 수많은 제국들이 거의 예외 없이 평화의 깃발을 내세우지만 폭력으로 세워지고 유지되는 현실로부터 오는 이데올로기적 갈등, 다양한 인종과 민족을 포괄하면 할수록 그 위계적인 구조에서 반란과 파열의 가능성을 확대하게 되는 사회적 딜레마, 더 강대국이 되려고 군사력을 확장하지만 그것이 오히려 제국의 재정적 기반을 갉아먹고 심지어는 중심부 군대가 정복지의 포로가 되어버리는 불운, 전성기에는 자유무역을 주장하지만 후발국가들이 따라오게 되면 보호무역으로 돌아서버릴 수밖에 없는 경제적 딜레마, 그리고 자신의 통치를 보다 효율적으로 하기 위해 식민지·종속국에 퍼뜨린 교육의 효과가 오히려 반식민지 민족주의 엘리트들을 키워내는 역효과 등이 바로 그러한 모순들이다.

제국체제에서는 이런 자기모순을 감추거나 억누르거나 또는 정당화하기 위한 다양한 정책과 수법들이 동원되기 마련인데, 인종주의나 십자군 의식, 계몽주의 또는 오리엔탈리즘 등은 익히 알려진 방식들에 속한다. 이 책에서 주목하는 것이 바로 이런 대목이다. 제국들은 어떻게 자기를 포장하고 어떤 장애물에 걸리게 되며, 왜 스스로의 기반을 허물게 되는지, 그리고 그런 제국들의 성립과 융성, 그리고 몰락이라는 전개 양상을 20세기 이후 수많은 영화들이 어떻게 묘사하고 있는지를 검토해보고자 하는 것이다.

서구중심주의의 탈색

이제 '서구중심주의'의 문제를 다시 생각할 차례가

되었다. '유럽에서 형성된 문화 및 종족의 본원적 우월성이라는 허구적 의미'를 신봉하는 서구중심주의는 유럽과 미국에서 만들어진 영화들에서 다양한 방식으로 표현되고 있다. 인류사의 다양한 경로, 그리고 다양한 지역의 인종과 믿음의 체계들에 의해 만들어진 문화적 다양성을 전제하는 것이 아니라 '유럽이 세계의 중심으로서, 유일하게 중요한 가치의 원천이라는 패러다임'을 강조하는 서구중심주의의 대중적 버전이 바로 세계의 관객들에게 가장 익숙한 할리우드풍 영화라고 할 수 있다. 그 영화들은 하나의 예술형태로서 작품의 완성도나 대중적 흥미와 직결된 흥행의 성공도와는 별도로, 대부분 문화적 편견에 물든 경우가 많다.

이러한 서구중심주의는 서구인들과 아프리카, 아메리카, 그리고 아시아의 이른바 '제3세계'의 원주민들이 만나게 되는 내용을 다룰 경우 아주 심하게 나타난다. 그 유명한 〈인디애나 존스〉 시리즈부터 〈아웃 오브 아프리카〉의 환상적인 화면에 이르기까지 그 표현 방식은 다르지만, '제3세계' 공간은 제1세계 사람들의 호기심과 이익을 충족시켜주는 놀이터이자 처녀지로서 간주되고 있다는 것이다.[11]

서구중심주의는 곧 '유럽 예외주의'(그 연장선상에 있는 '미국 예외주의'를 포함해)라고 할 수 있는데, 그것은 역사를 거슬러 올라가 유럽의 문명을 특권화하는 방식으로 재구성함으로써 이루어진다. 예컨대 19세기 유럽인들은 유럽의

11) 이에 대해서는 E. Shohat and R. Stam, *Unthinking Eurocentrism*(London & New York: Routledge, 1994), p. 62, 222 참조.

12) 막스 베버, 박성수 옮김, 《프로테스탄티즘의 윤리와 자본주의 정신》(문예출판사, 1998), 5~16쪽; 강정인, 앞의 책, 69~72쪽. 막스 베버가 제국주의적 편견을 가진 사람이었다는 주장에 관해서는 키어런 앨런, 박인용 옮김, 《막스 베버의 오만과 편견》(삼인, 2010) 참조.

역사가 거의 2000년을 건너뛰어 고대 그리스·로마 문명의 적통자(嫡統者)라고 자처하면서, 정작 그리스 문명의 발전에 지대한 영향을 미친 고대 오리엔트와 아프리카 문명의 흔적을 지워버렸다. 또한 그들은 중세 이슬람문명이 고대문명을 이어받아 높은 수준으로 발전시키고, 동·서 문명교류사에서 이뤄낸 지대한 공헌을 애써 무시하려 든다.

이런 유럽예외주의 사고방식은 20세기 서구지성사에서도 그대로 계승되어 비서구 세계에서도 별다른 문제의식 없이 '고전'이라고 불리는 막스 베버의 《프로테스탄티즘의 윤리와 자본주의 정신》 같은 저작을 낳게 되었다. '오직 서구문명에서만 나타난 … 문화적 현상'으로 자본주의의 발전을 설명하는 그의 '독특한' 발상은 그 자체로서 매우 흥미 있는 연구의 대상이 아닐 수 없다. 그에 따르면 비서구 문명에서는 과학, 역사연구, 예술, 건축, 전문화된 관리와 행정, 법치 등이 부재한 것으로, 나아가 근대 자본주의를 가능케 한 '합리성'이 결여된 것으로 여기고 있다.[12]

고대 오리엔트와 이집트문명의 찬란한 유산은 물론 유럽이 세계의 변방으로서 '암흑기'에 머물고 있을 때 인도와 이슬람, 중국, 그리고 중남미 제국에서 이룩된 체계적인 철학, 의학, 천문학, 역사, 과학, 교육 및 행정관료제 등의 발전을 외면하는 무지의 소치가 아니면 모든 것을 자기중심적으로 생각하는 소아적 식견이 아닐 수 없다.

이러한 서구중심주의가 동양문명을 관찰하고, 정의하고, 급기야는 자기의 힘과 이익이 투사되는 세계의 확고한 일부로 만들어내는 것을 일러 에드워드 사이드는 '오리엔탈리즘'이라고 불렀다. 간단히 말하자면 그것은 "동양을 지배하고 재구성하며 위압하기 위한 서양의 스타일"[13]이다. 하나의 담론 체계로서 오리엔탈리즘은 계몽주의 시대 이후 유럽문화가 정치적, 사회적, 군사적, 이데올로기적, 과학적으로 또 상상력으로써 동양을 관리하거나 심지어 동양을 '생산'하기도 한 거대한 조직적 노력의 산물이다. 이러한 세계관은 19세기 초부터 20세기 전반기까지는 영국과 프랑스가 주도했고, 2차대전 이후에는 미국이 지배적인 역할을 맡아 현재에 이르고 있다.[14]

여기에서 우리는 서구 제국주의 및 식민주의의 발전 과정과 오리엔탈리즘의 확립이, 전적으로 동일한 과정은 아니지만 동전의 양면처럼 밀접하게 연결된 사실이라는 것을 짐작할 수 있을 것이다. 서양인들에 의해서 학문적 성취나 '예술성'이 높은 작품으로 평가되는 지적·문화적 산물들에 관하여 비서구인인 우리가 한 걸음 떨어져 조심스럽게 보고 들어야 할 필요가 바로 여기에 있다.

그렇다고 하여 할리우드나 유럽에서 만들어진 모든 영화들이 다 오리엔탈리즘의 산물에 불과하다고 말하는 것은 아니다. 서구 영화들 중에는 기존 작품들이 동양 또는

13) 에드워드 사이드, 박홍규 옮김, 《오리엔탈리즘》(교보문고, 1996), 16쪽.
14) 에드워드 사이드, 같은 책, 16~18쪽.

비서구권을 바라보는 지배적인 시각을 의식적으로 탈피하거나 전복하기를 의도한 것들도 간간이 찾아볼 수 있다. 아메리카나 아시아, 아프리카, 아랍 원주민들의 입장에 공감하고 서구 제국주의에 비판적인 앵글을 취하는, 이른바 수정주의 계열의 영화들이다. 거꾸로 비서구권에서 만든 영화들이 오히려 오리엔탈리즘을 상업적으로 이용하거나 또는 자신도 모르게 내면화한 작품들도 드물지 않기 때문에 개개 영화들마다 감별작업이 필요한 것은 물론이다.

그런데 '오리엔탈리즘'은 그 명칭으로써 포착하고자 하는 내용을 염두에 둘 때, 특정한 학자나 예술가들의 순수한 상상의 산물이 아니고 서로 다른 문명권의 교섭과 충돌의 구체적인 역사적 전개과정을 기반으로 하는 것이기 때문에 반드시 서구인들에게만 고유하게 나타나는 현상일 수는 없다. 그것은 주체와 대상을 달리하여 다른 제국주의에서도 다른 수준과 언어로 표현될 수 있는 것이다.

'중화제국'의 중심부였던 중국은 오랫동안 주변 민족들을 '야만적인 사방의 오랑캐'라 일렀다. 20세기에 들어와서는 아시아에 위치한 일본이 서구 국가들의 근대화 방식을 받아들여 나름대로 성공하고 드디어는 자신 스스로 아시아 지역에서 제국주의를 적극적으로 추진하면서 그런 세계관을 본뜨게 되었다. 그것은 '일본판 오리엔탈리즘'이라고 할 수 있을 터인데, 실상 그것은 자신에게 문호개방을 강요하고 결국 스스로 모방하게 된 그 서구문명에 대한 지독한 열등감을 내면화한 채 다른 아시아 국가들을 비문명 사회로 호명함으로써 비뚤어진 우월감을 맛보고 싶어 한 것이었다.[15]

서사구조와 시대배경에 주목

이 책에서 언급되는 영화들은, 중국과 러시아에서 제작된 몇 편을 제외하면, 나머지는 대부분 미국과 유럽에서 만들어진 영화들이다. 저자가 책을 쓴 의도와 취향이 이 영화들의 목록에도 반영되어 있음은 물론이다. 그 소재로써 영화라는 대중적 예술장르를 선택하면서 역사적으로 살펴보고자 하는 제국들을 어떻게 선정할 것이냐 하는 고민을 해소하는 기준은 이미 확립된 '정설'에 따른 것이 아니고 (그런 정설은 아마 성립되기 힘들 것이다) 자의적인 것이다. 곧 저자가 한번쯤 다룰 만한 가치가 있다고 생각된 나라들을 임의로 고른 것이기 때문에 독자들은 얼마든지 다른 기준으로 이 책에서 언급되지 않은 중요한 제국들 및 그와 관련된 영화들을 열거할 수 있을 것이다.

다만 역사적 전개과정에서 여러 제국들의 안과 밖, 즉 국내 정치·사회와 대외관계를 함께 언급하기에 적절한 영화들을 배치하려고 노력하였다. 그럼에도 불구하고, 제국

15) 이런 일본의 이중성에 관해서는 강상중, 이경덕·임성모 옮김,《오리엔탈리즘을 넘어서》(이산, 1997), 90쪽 참조.

의 역사에서 충분히 다룰 만한 가치가 있는 비잔티움제국과 몽골 및 잉카제국을 다루지 못한 것은 아쉬움으로 남는다. 기회가 된다면 뒷날 개정판에서는 언급하고 싶다.

또 하나, 영화를 선정할 때 실용적인 고려 사항은 특정 제국의 역사와 그것을 직간접으로 다루고 있는 두어 편 이상의 영화들을 독자들이 적절하게 구해볼 수 있느냐 하는 것이다. 만약 그것이 어렵다면 '영화로 보는 제국'이라는 이 책의 취지가 훼손될 것이기 때문이다. 이 글의 앞부분에서 현대의 예술형태로서 영화가 가진 특성에 관해 언급했지만, 본문에서는 주로 언급되는 영화들의 서사구조와 시대 배경에 보다 주목할 것이며, 영화의 기술적인 측면이나 작품의 완성도는 또 다른 문제이기 때문에 여기에서는 부차적으로 간주할 것이다. '무슨 이야기를 어떻게 풀어 가는가' 하는 문제를 기존 역사서술을 참조로 하여 비평하는 방식을 택하는 것이 이 책이 겨냥하는 바이기 때문이다.

마지막으로 여기 실린 글들 중 서장과 7장(무슬림 최후 계승자, 오스만제국), 그리고 10장(광포한 암흑의 시대, 파시즘)은 새로 쓴 것이고 나머지는 《민족 21》(2009년 6월호~2010년 3월호)이라는 월간지에 실린 글들을 조금씩 수정·보완하여 다시 싣는 것임을 밝혀 둔다. 이 자리를 빌어 연재 기회를 준 잡지사 측의 정창현 대표, 안영민 편집국장께 감사의 뜻을 표한다.

1장

최초의 동서양 문명충돌, 페르시아와 그리스

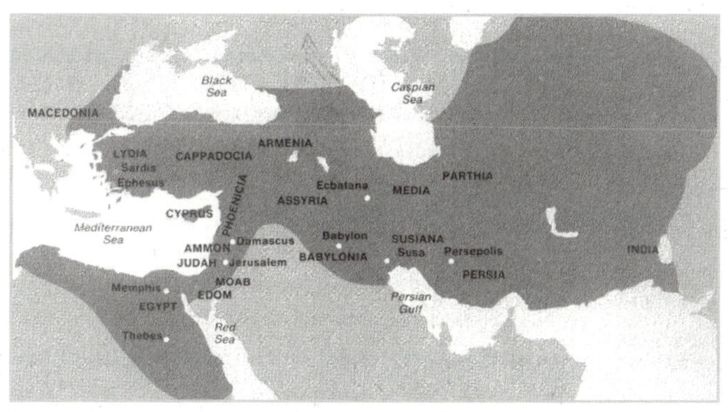

트로이 Troy | **볼프강 페터슨** 감독, 2004

트로이아의 왕자 파리스는 평화협상을 위해 스파르테에 갔다가 스파르테의 왕비 헬레네와 사랑에 빠진다. 두 남녀는 트로이아로 도주하고, 스파르테의 왕 메넬라우스는 뮈케네의 왕이자 자신의 형인 아가멤논에게 복수를 부탁한다. 아가멤논은 그리스 도시국가들을 규합해 트로이아를 총공격한다. 그러나 트로이아는 난공불락의 철통 요새. 아가멤논은 불세출의 전쟁 영웅 아킬레우스를 설득해 자기편으로 만들지만 아킬레우스는 전리품으로 얻은 트로이아의 여사제 브리세이스를 아가멤논 왕이 빼앗아가자 참전을 거부한다. 연합군이 힘을 잃고 계속 패하자 브리세이스를 되찾은 아킬레우스도 마침내 참전한다. 이타카의 왕 오디세우스는 거대한 목마를 이용해 트로이아 성을 함락시키는 계략을 세운다. 트로이아의 목마는 성벽을 통과하고, 목마 안에 있던 그리스의 영웅들에 의해 트로이아는 불바다가 된다. 하지만 아킬레우스는 파리스의 화살에 발목을 맞아 죽는다.

300 | **잭 스나이더** 감독, 2007

기원전 480년 제3차 페르시아전쟁 때 마케도니아 해안의 테르모필레 협곡에서 일어난 전투를 영화화했다. 크세르크세스 왕이 이끄는 페르시아의 수십만 대군이 그리스를 침공한다. 테르모필레 협곡은 산과 바다 사이에 있는 좁은 길로 이곳에서 스파르테 왕 레오니다스는 300명의 스파르타 정예군과 테스피스인 700명을 이끌고 페르시아군의 남하를 저지했다. 크세르크세스 왕은 10일 동안 레오니다스 왕에게 항복을 권유하지만 레오니다스와 그의 전사들은 전의를 버리지 않는다. 그러나 이 고장 출신의 내통자가 페르시아군에게 뒤에서 공격할 수 있는 다른 길을 가르쳐 준다. 그후 3일 동안 레오니다스 왕과 스파르탄 300명의 정예군만이 남아 우회로를 통해 공격해 오는 페르시아군을 막았고 그 사이에 그리스 함대는 무사히 퇴각할 수 있게 된다. 이 전투로 레오니다스 왕을 비롯한 300명 전원이 전사했지만, 페르시아의 그리스 침공도 수포로 돌아갔다.

알렉산더 Alexander | **올리버 스톤** 감독, 2004

유럽, 아프리카, 아시아 3개 대륙을 정복해 헬레니즘 문화를 형성했던 알렉산더 대왕의 이야기. 기원전 356년, 알렉산더는 마케도니아의 군주이자 용감한 장수인 필립 왕과 정치적 야망에 빠진 올림피아스 여왕 사이에서 태어난다. 아리스토텔레스를 만난 알렉산더는 그리스 신화에 심취하고 모든 지혜와 학문을 접하면서 강인함과 거대한 포부를 키워나간다. 알렉산더는 부왕의 암살로 20세에 왕위에 오른다. 알렉산더는 당시 최강의 페르시아 군대와의 전쟁에서 가우가멜라 전투를 대승으로 이끌고, 대제국 건설을 위해 그리스 마케도니아 군대와 더불어 350만 km에 달하는 8년간의 정복을 시작한다. 지휘관인 헤파이션과 충직한 장군인 톨레미와 함께 세계의 대부분을 정복한 알렉산더는 인도 코끼리 부대와의 마지막 전투까지 단 한 차례도 패하지 않았다. 하지만 알렉산더는 헤파이션의 죽음과 정책 실패로 점차 고립되었고, 33세에 알 수 없는 열병으로 죽는다.

'자유의 서방', '노예의 동방' 을 물리치다

〈트로이〉

〈300〉

〈알렉산더〉

이 책의 첫 번째 주제는 서구인들에 의해 흔히 역사상 최초의 '동서양 문명충돌' 로 여겨지는 페르시아제국과 그리스 도시국가들 사이에 벌어진 전쟁과 그 주인공들의 사랑에 얽힌 드라마다. 그보다 훨씬 앞서 벌어진 것으로 여겨지는 트로이아 전쟁은 고대 유라시아대륙을 무대로 펼쳐진 대하소설의 도입부라고 할 수 있으며, 알렉산더대왕의 동방원정 이야기는 그 대단원에 해당된다고 할 수 있다. 우리가 새삼스럽게 신화시대로까지 거슬러 올라가는 연유는 바로 거기에서 이슬람문명에 대한 서구인들의 몰이해, 동방에 대한 서방의 끈질긴 편견을 '이해' 할 수 있는 실마리를 찾을 수 있기 때문이다. 더구나 이런 시각은 그리스 · 로마제국 시절부터 근대 유럽인들과 오늘의 미국인들까지 계속 반복하고 있는 상투적인 묘사들 속에서 공공연히 또는 은근하게 재생산되고 있다.

수천 년 문명사의 도정에는 수많은 제국들의 흥망성쇠가 있었다. 불가사의로 여겨지는 피라미드와 태양신의 아들 파라오, 그리고 세계사에서 가장 유명한 여인 중 하나인 클레오파트라를 남긴 이집트제국은 숱한 왕조의 명멸을 겪으면서 무려 3000년을 지속한 것으로 알려져 있다. 황금의 제국이라 불린 페르시아, 세상의 모든 길이 통했다는 고대 로마, 세계의 중심을 자처한 중국, 아메리카대륙을 정복하고도 '발견'했다고 주장하는 스페인, 해가 질 날이 없었다는 근대 영국, 그리고 오늘날 세계 각지에 750개 이상의 군사기지를 두고 있는 미국으로 이어지는 제국의 계보는 그대로 인류 문명의 전진과 후퇴, 융성과 쇠퇴의 궤적이 담긴, 땀과 환희와 눈물과 피의 기록이다.

그 제국들의 역사는 아직 끝나지 않았다. 21세기 초반, 향후 세계 패권의 향방을 두고 미국과 중국이 아프리카에서, 인도양에서, 세계 주요국(G20) 회의장에서 각축을 벌이고 있다.

2001년 뉴욕의 세계무역센터 건물이 불타고 펜타곤이 공격당한 후 '테러와의 전쟁'을 선포했던 조지 W. 부시 전 대통령은 "그들이 왜 우리를 미워하는지 모르겠다"고 말했다고 한다. '돌아온 탕아'로서, 신실한 기독교 신자인 그는 날마다 신의 가호를 바라는 식탁기도를 올렸지만, 신의 축복이자 저주인 석유를 놓고 영국과 미국에 의해 운명을 농락당한 아랍·이슬람권 사람들의 마음을 도무지 알 길이 없었다. 중세 십자군전쟁의 역사적 기억에 더해 1922년 막을 내린 오스만제국의 해체 과정에서부터 최근까지 이어지고 있는 앵글로·색슨족의 패권 역사를 백악관이 공정하게 인식하고 있었으리라고는 기대하기 어렵다. 기독교와 이슬람은 같은 신을 섬기는 종교지만, 아랍인들은 부시의 식탁에 결코 알라의 축복이 내리기를 기도할 수 없었을 것이다.

3200년 전 트로이의 목마가 만든 신화

영화 〈**트로이**〉(볼프강 페터슨 감독, 2004)는 지금으로부터 3200년 전에 벌어졌다는 트로이아전쟁이라는 전설을 소재로 한 드라마이다. 트로이아의 철부지 미남 왕자 파리스가 스파르테의 왕비 헬레네를 유혹해 '납치' 함으로써(하지만 영화에서는 헬레네가 파리스 왕자를 사랑하시만 남편의 복수를 두려워해 고민하다가 결국 사랑의 도피행각을 벌이는 것으로 그려지고 있다) 그에 대한 보복으로 스파르테 왕의 형이자 뮈케네 왕인 아가멤논이 주동이 된 그리스 연합군이 아킬레우스라는 불세출의 영웅을 앞세워 트로이아를 응징한다는 내용이다.

하지만 트로이아에도 헥토르라는 무적의 왕자가 버

1) 호메로스, 천병희 옮김,
《일리아스》《오뒷세이아》
(숲, 2009) 참조

티고 있어서 단번에 결판이 나지 않고 10년간 일진일퇴를 거듭한다. 전쟁은 그리스 측이 아티카 왕의 계략으로 꾸며 낸 '트로이 목마'를 이용해 한밤중에 일리온(트로이아)을 함락시킴으로써 대결전의 막을 내린다.

이 신화는 그리스에서 전해오던 옛날이야기들을 호메로스가 집대성하여 《일리아스》와 《오뒷세이아》[1]라는 양대 서사시로 그리고, 아테네가 페르시아를 물리친 마라톤 전투(기원전 490년)에 참가한 바 있는 그리스의 비극작가 아이스퀼로스가 언급한 바 있다. 그리고 헤로도토스가 그의 《역사》에서 이 이야기를 페르시아인들과 연관시킴으로써 이후 서구인들의 정치적·문학적 상상력의 원천이 된 것으로 보인다. 헤로도토스의 서술에서 중요한 것은 구체적인 역사적 사실 여부가 아니라 (옛날이야기이므로 어차피 누구도 정확성을 담보할 수 없거) 전체적인 이야기의 구도이다.

헤로도토스의 서술에서는 트로이아전쟁에 연루되는 에게해 연안 도시들이 단순히 일시적인 군사 동맹국들로 그려지는 것이 아니라 헬라스(즉 그리스, 영화에서는 스파르테, 뮈케네, 테살리아, 아티카 등) 대(對) 비헬라스(즉 트로이아)라는, 정치문화적으로 명백히 구분되는 적대적 범주로 분류되고 있다는 것이다. '서방 대 동방'이라는, 오늘날까지 이어지는 이 도식적인 세계관의 원형이 바로 중세와 르네상스를 거치면서 근대세계를 주조한 서구인들에게 스테레

그리스와 트로이아의 10년 전쟁은 '트로이아의 목마'를 이용해 한밤중에 트로이를 함락시킨 그리스 연합군의 승리로 끝났다. 그리스와 비그리스로 구분되는 이 전쟁은 '서방'과 '동방'이라는 오늘날까지 이어지는 도식적 세계관의 원형이 되고 있다.

오 타입으로 전해지고 있는 것이다.

페르시아전쟁의 와중에 그리스문화의 영향권 안에 있던 소아시아 서남부지방 할리카르낫소스에서 태어난 것으로 전해지는 헤로도토스는 당시로서는 대단한 여행가로서 그리스 본토는 물론 흑해 연안으로부터 이집트, 서아시아 지역들까지 돌아다니면서 수많은 지리학·민속학·역사 자료를 수집한 것으로 알려졌다. 필경 그리스 비극에 익숙했을 그는 기본적으로 '인생의 덧없음'에 공감하는 비관적 세계관의 소유자다. 헤로도토스는 페르시아전쟁을 주제로 한 대하소설이라고 할 수 있는 《역사》에서 어떤 영웅이나 제국도 영원치 못하다는 것을 알기 때문에 자신이 보고 들은 '크고 작은 도시들의 운명에 관해 동등하게 쓰겠노라'고 다짐하고 있다.

〈트로이〉
〈300〉
〈알렉산더〉

그리고 실제로 여러 사건들을 기술하면서 그리스인들만의 평가를 일방적으로 편들지 않고 당사자들인 이쪽저쪽 주장을 비교적 공정하게 전달하려고 애쓰고 있다. 따라서 우리가 근대 서구인들의 유난스레 편협한 동양관을 비판하면서 그것을 헤로도토스 탓으로 돌리는 것은 온당하지 못한 일이라고 할 수도 있다.

그럼에도 그의 저작이 시간이 지나 서구인들의 편견에 찬 이분법적 세계관의 '원천'으로 여겨지고 있다는 사실 자체가 지닌 정치적 의미를 가볍게 여길 수는 없을 것이다. 《역사》의 첫 대목은 의미심장하게도 페르시아인들이 왜 헬라스인들에게 적대감을 가지게 되었는가를 설명하고자 하는 것인데, 표면적으로는 이 문제에 대한 페르시아인들의 주장을 전달하는 구조이다. 하지만 《역사》라는 텍스트의 인식 주체는 결국 헬라스이기 때문에 이 질문은 이후 헬라스인들에 대한 비헬라스인들, 즉 아시아인들의 그리스에 대한 적대 행위를 양측의 숙명적인 전쟁의 '원초적 요인'으로 전제하는 시각의 출발점이라고 해석할 수 있다.

근대 서구인들의 편협한 동양관의 원천

페르시아인들은 당대 도시국가들 사이에 우발적으로

벌어진 여인들의 납치 행위는 범죄인 것이 분명하지만, 그렇다고 이미 벌어진 일들에 대해 왕들이 나서서 의도적으로 복수한다는 것은 또다시 불행한 사건을 반복하게 하는 어리석은 짓이라고 생각했다.

"페르시아인들의 주장에 따르면 … 헬라스인들은 라케다이몬(스파르테) 출신의 한 여인(헬레네) 때문에 대군을 일으켜 아시아로 쳐들어와서는 프리아모스(트로이아의 왕)와 그 군대를 궤멸시켰다는 것이다. 그 이후로 페르시아인들은 헬라스인들을 늘 적대시했다는 것이다."

페르시아인들은 아시아를 고향으로 여기고, 그곳에 사는 비헬라스계 부족들을 친척으로 여기는 반면, 헬라스는 이국으로 여겼다.[2] 여기까지 서술하고 나서 헤로도토스의 관심은 '헬라스인들에게 맨 처음으로 적대 행위를 시작했음이 분명한 한 남자', 즉 소아시아의 리디아왕 크로이소스로부터 시작하여 그 이후에는 그리스 세계의 숙적 페르시아제국과 그 주변 민족들에 관한 방대한 이야기를 본론으로 삼고 있다.[3]

신화적인 트로이전쟁에 관한 영화 〈트로이〉의 묘사 방식은 헤로도토스의 서술 전략과 닮았다. 그것은 일방적으로 동방(트로이아)을 매도하고 서방(그리스 도시들)의 우월성을 치켜세우는 유치한 수준으로부터는 벗어나 있다. 물론 이 영화는 신의 축복과 저주를 한 몸에 받은, 따라서 일

2) 헤로도토스 · 천병희 옮김, 《역사》 (숲, 2009), 14

3) 페르시아 참고 문헌

〈트로이〉
〈300〉
〈알렉산더〉

인(아가멤논)의 질투와 만인의 숭배를 동시에 받는, 하지만 언젠가는 죽음을 맞을 수밖에 없는 '그리스의 영웅 아킬레우스'의 탄생에 초점을 맞추고 있다. 모든 후세인들이 기억하게 될, 역사라 불리는 문명의 불판에 그 영광스런 이름이 선명하게 새겨 넣어질 위대한 영웅의 화려한 탄생이라는 신화를 그리고자 하는 이 영화의 관점에서 보면 스파르테와 트로이아를 비롯한 다른 왕들과 병사들, 그들의 고뇌와 충돌이 빚어내는 모든 사건들은 물론, 심지어 그리스인이건 트로이아인이건 틈만 나면 읊어대는 그들의 신(神) 조차도 고독한 영웅, 인간 아킬레우스를 빛나게 하기 위한 보조 장치들에 불과한 것이다.

그러한 보조 장치들의 맥락에서 영화가 나름대로 성공하고 있는 지점은, 아킬레우스에 스포트라이트를 집중하면서도 동시에 그리스 진영과 '맞짱'을 뜨고 있는 적장(敵將)들의 덕성을 평가하는데 결코 인색하지 않다는 것이다. 예컨대, 트로이아의 연로한 프리아모스 왕은 '영토와 권력과 영광 따위가 아니라 사랑이야말로 목숨을 걸고 지킬 가치가 있다'며, 사실상 전범이라고 할 수 있는 둘째아들을 격려하는 자상하고 지혜로운 현인처럼 비쳐진다. 그의 큰아들 헥토르는 원로들 앞에서 헬레네를 뮈케네에 돌려주고 타협책을 구사함으로써만 평화를 가져올 것이라고 주장하면서 정치적으로 현명한 판단을 한다. 그러나 강경파들에

밀려 원치 않는 전쟁에 참가하고도 가족과 동생(그리고 이제 트로이아의 왕자비가 된 헬레네)과 왕국을 지키기 위해 최후의 순간까지 비굴하게 무릎 꿇지 않는 또 하나의 영웅으로 그려진다.

반면, 헬레네의 '납치'를 계기로 트로이아를 침공하는 그리스 연합군의 뮈케네 왕 아가멤논과 그의 동생인 스파르테 왕 메넬라오스는 '제국은 전쟁으로 건설된다'고 외치면서 권력과 탐욕에 눈 먼 어리석은 침략자들로 그려진다. 동방과 서방의 대립구도를 전제할 때 그 대표자들에게 흔히 대조적으로 부여되는 캐릭터와는 확실히 딴판이다.

많은 서구영화들에서 전형적으로 아시아 군주들의 속성으로 낙인찍는 성격이 그리스의 왕들을 묘사하는데 이용된 것은 특이한 경우이다. 하지만 앞서 언급했듯이 여기에는 그럴 만한 전제조건이 붙어 있다. 즉 왕이 아니었던 아킬레우스라는 신화적 영웅의 출현을 정당화하기 위해서는 같은 진영에서 젊은 영웅의 출현을 질시하는 타락한 아가멤논의 존재가 필요했던 것이다. 아킬레우스는 권력의 화신이 아니라 승리의 화신, 즉물적인 탐욕에 눈 먼 자가 아니라 역사에 이름을 남기고자 하는 자이다. 아킬레우스의 어머니인 바다의 여신 테티스가 예언했듯이, 그의 영광은 현세의 왕권이 아니라 전장의 죽음으로써 완성되는, '불멸의 이름'이었다.

십자군전쟁, 아메리카 정복으로 이어진 '신의 가호'

이 영광의 비장미, 승리의 비극은 그 자체로서 거듭 숭고한 것으로 포장된다. 하지만 역사에 이름을 남기고 싶다는, 후세가 이름을 기억해 줄 것이라는 출사표 또는 자기위안은 역설적으로 사후세계에 대한 그들의 가엾은 집착에 불과한 것으로 보인다. 그 전장의 영웅은 인질로 잡았다가 사랑에 빠져버린 브리세이스에게 인생은 덧없는 것이며, 지금 이 순간이 다시는 돌아오지 않을 가장 아름다운 때라고 유혈 낭자한 전쟁터에서 짐짓 깊은 깨달음을 얻은 것처럼 말하지만 참으로 공허하게 들린다.

고독한 전장의 영웅이 사랑과 인생의 깊은 의미까지 깨닫고 있었다고 설정하고 있지만 아킬레우스를 연기하는 브래드 피트의 그 참을 수 없이 가벼운 얼굴(표정)은 대사의 진정성을 담배연기처럼 허공에 날려버리기에 충분하다. 당신은 왜 이런 인생을 선택했느냐는 브리세이스의 질문에 '나는 전쟁을 하기 위해 태어났다' 는 아킬레우스(즉 브래드 피트의) 대답은, 비극적 인간-영웅의 자기운명에 대한 숙명적 긍정이라기보다는 한낱 젊은 장군의 유치한 자기 미화로 들리는 수준이다.

이 영화에서 눈에 띠는 대목의 하나는 아킬레우스와 헥토르라는 두 영웅이 거듭 신의 가호를 기원하면서도 실

제로는 계속 신을 부정하고 있다는 것이다. '신은 인간을
질투한다' 고 아킬레우스가 말할 때 그것은 당대인들의 운
명론적 세계관을 반영하는 일반적인 언명일 테지만, 적국
의 신전에서 아폴론 신상을 베어버리고 나서 트로이아인에
게 '내가 너희들보다 신을 더 잘 안다' 고 말하는 것은 또
다른 차원이다.

그는 태양의 신상 앞에서 한 치의 망설임도 없었는데,
그 장면은 적진에 들어선 젊은 영웅의 오만을 넘어 인간이
세운 신전에 대한 모독이라고 할 수 있을 것이다. 헥토르
또한 그리스 진영과 임박한 전쟁에 직면해 '신이 활을 쏠
줄 아느냐?' 면서 궁정의 원로들에게 신을 믿지 말라고 외
친다. 영웅의 후광을 만들어주는 것은 신이지만, 정작 그
영웅들은 신이 아니라 자신들의 의지와 능력을 믿었다는,
신에 대한 영웅들의 조롱이자 그러한 신전을 꾸민 인간들
의 자책일 법도 하다.

이처럼 인간이 자신의 운명을 희롱하는 신을 만들고
부질없이 거기에 매달리다가도 다시 그러한 존재를 가차
없이 정치·이데올로기적으로 판정하고 이용하는 관계는,
십자군전쟁을 거쳐 근대 유럽제국의 아메리카 정복에서 극
단적으로 드러난다. 이는 수천 년 간 이어지는 권력과 제국
의 역사에서 반복되고 변주되는 흥미로운 코드이다. 여럿
이건 하나이건 인간은 신이 없이는 살지 못하지만, 그 신

(들)의 창조자-인간은 끊임없이 자신들의 선택과 믿음을 회의하거나 집착하다가 파멸해가는 것이다. 결국은 바로 그 신전에, 긴 세월이 지나면 알아볼 자 없을 몇 글자 이름을 남기기 위해 숱한 피를 흘리면서….

노예의 제국 페르시아, 자유의 세계 그리스

영화 〈300〉(잭 스나이더 감독, 2007)은 〈트로이〉에 비해 훨씬 노골적인 '오리엔탈리즘의 극장'이라고 할 수 있다. 둘 다 서구문명의 원류로 간주되는 그리스 시대의 영웅 이야기를 웅장한 스펙터클로 옮겨놓은 것이지만, 〈300〉의 서사는 '노예의 제국 페르시아와 자유세계 그리스'를 극적으로 대비시키는 통속적인 서구적 시각을 따르고 있다.

100만 대군에 항거하는 300명의 용사라는, 불멸의 신화를 조작하기에 안성맞춤인 기원전 480년 페르시아군과 스파르테군이 맞붙은 테르모필레 협곡 전투는 '질적으로 우월한 서방 대(對) 양으로 승부하는 열등한 동방'이라는 사고방식을 생산하는 역사의 훌륭한 자궁이 되고 있는 것이다. 무지하고 단순한 많은 서구인들의 오만과 편견은 바로 여기로부터 태어나 나중에는 세대를 건너뛰면서 또 다른 제2, 제3의 테르모필레 협곡을 만들어내는 조작의 형질 유전에 다름 아닌 것으로 보인다.

페르시아군과 스파르테군이 맞붙은 테르모필레 협곡 전투에서 스파르테의 300명 용사는 100만 페르시아 대군에 맞서 장렬히 전사한다. '악' 페르시아-동방에 맞선 '선' 그리스-서방이라는 이분법적 사고에 철저하게 충실한 작품이다.

기원전 5세기 무렵 유라시아 고대 세계의 패권자인 페르시아의 크세르크세스 황제가 한낱 오합지졸들의 느슨한 연합체에 불과한 그리스 세계의 일부인 스파르테에 사자(使者)를 보내 '흙과 물'을 바치라고 요구한다. 당대의 국제관계 관례로 보면 그것은 외교사절을 통해 전쟁이 아닌 방법으로 종주국-조공국의 관계를 맺고자 한다는 의사 표현이었다. 그것은 동동한 주권국기들 사이에 맺어지는 조약이 아니라 명백한 불평등조약을 요구하는 것이었음은 물론이다.

그러나 전성기의 페르시아에 맞설 수 있는 힘이 없는 약소국들에게 선택은 두 가지만 가능했다. 즉 권력의 세계에서는 오직 힘의 논리만 지배한다는 현실주의 관점에서 강자에게 굴복하든가, 아니면 신의 가호를 바라면서 약자

〈트로이〉
〈300〉
〈알렉산더〉

043

들끼리 연합하여 강자에게 맞서는 연합전선을 구축하는 전략이 그것이다. 물론 후자는 서로 이해관계와 정세판단이 다를 수 있는 다른 나라(왕)들의 동의를 얻어야 하는 것이기 때문에 성사되기가 결코 쉽지 않은 것이었다.

그리스 세계의 패자를 자임하는 스파르테의 야심적인 레오니다스 왕은 이 운명의 순간에 후자의 전략을 따르기로 결심했다. 스파르테가 앞서서 '이성과 정의의 세계'인 그리스를 구원할 것이니 다른 도시국가들도 따르라는 것이었다. 그는 전장에 나갈 병사들에게 스파르테인들은 죽음을 불사하고 조국과 개인의 명예를 지키는 자들이며, 나약함을 모르고 오직 냉정함과 강인함을 존중하는 민족이며, 절대복종을 강요하는 폭군에 맹종하는 페르시아인들보다 훨씬 우월한 족속이라고 주장한다. 스파르테는 이성과 정의를 신봉하는 자유인을 대표하며 페르시아는 그 반대편에서 부정의와 비겁과 야만을 대표하는 부자유한 무리들이다.

레오니다스는 보수적인 원로들과 어리석은 신탁을 거부하고 '조국 스파르테와 자유'를 위해 싸울 300명의 최정예부대를 '아들을 둔' 남자들로 구성한다. 고대 세계에서 아들을 두고 전장에 나간다는 것은 곧 병사의 모든 것을 건다는 것을 의미한다. 그리고 실제로 그 유명한 협곡 전투에서 철모르는 아들들의 아버지들은 '조국을 위해' 장렬하게 몰살당했다. 그것은 객관적으로는 패배의 기록이었다. 하지만 엄청난 손실을 감수해야 했던 페르시아가 다시는 그리스 세계를 넘보지 못하도록 충격적인 교훈을 주었기 때문에 전투에서 패배한 자가 전쟁에서 승리한 전형적인 사례였다고 할 수 있었다.

바로 이것이 서구인들에게 영원히 기록되고, 기억되고, 칭송될 만한 가치가 있는 예외적인 역사적 사건으로 여겨지게 된 저간의 사정이다. 앞서 본 〈트로이〉가 영웅주의에 깊이 물들어 있으면서도 인간의 세상에서, 영웅들의 놀이터에서 언제나 정의가 승리하는 것은 아니라는 비관적 인식을 바탕에 깔고 있었다면, 〈300〉은 아주 순진하게도 결국 악에 대한 선(善)의 승리라는 권선징악의 세계관을 전면에 내세우고 있다.

아마도 우연이라고 해야겠지만, 이 영화가 개봉된 2007년 3월은 조지 W. 부시 정권이 근거도 동맹도 없이 시작했던 이라크전쟁이 파탄 났다는 것이 누구에게나 분명해지고 미국의 위신이 세계적으로 땅에 떨어지고 있었던 시점이다.

자고로 나라가 쇠퇴하고 사회가 분열될 때는 백성들에게 환상적인 영웅과 신화를 통한 위안이 필요해지는 법. 이 영화는 그러한 사회적 분위기를 조성하기에 적절한 선택이었다고 할 수 있다. 실감나는 전투 장면을 재현하기 위

그리스와 동방의 세계를 융합시킨 헬레니즘 시대를 연 알렉산더 제국은 알렉산더 대왕이 33세의 젊은 나이에 전사하면서 물거품처럼 꺼지고 말았다.

하여 영화 제작자들이 쏟은 엄청난 열정과 기술과 자본은 신화가 된 그 역사적 사건을 다시 한 번 기념하기 위한 엄숙한 의식이었다고 간주한다면, 흥행 성적과 상관없이 그만한 값어치가 있는 것이었다고 인정할 수 있겠다.

물거품처럼 꺼진 그리스와 동방의 융합

영화 〈**알렉산더**〉(올리버 스톤 감독, 2004)는 기원전 336년 마케도니아의 왕위에 올라 단 8년 만에 그리스와 페르시아를 거쳐 인도에 이르는 대제국을 일궈냄으로써 그리스와 동방의 세계를 융합시킨 '헬레니즘' 시대를 연 영웅의 일대기이다. 미지의 세계를 향해 거침없이 진군하는 젊은 왕의 패기와 끝없는 야심의 결실로 만들어진 제국은 그가

1장
페르시아와
그리스

33세의 젊은 나이에 전투 중 죽자 사분오열되었다. 문명의 전파와 이민족 사이의 행복한 결합이라는 그의 오만에 찬 환상은 잠깐 실현된 듯 보였으나 아스라한 흔적을 남긴 채 물거품처럼 꺼지고 말았다.

알렉산더의 제국은 그 자체로서 인간의 한계를 넘는 도전에 대한 대서사시라고 할 수 있지만, 올리버 스톤 감독이 그것을 묘사하고 기억하는 방식은 지극히 조잡하다. 첫 화면에서 '운명은 용기 있는 자를 선택한다' 는 베르길리우스의 말을 인용함으로써 이 영화가 무엇에 초점을 맞출 것인가를 드러내지만, 그것을 표현하는 수준은 거칠고 단순하다. 그리스는 문명의 세계이고 페르시아와 그 너머 미지의 동방은 야만의 세계라는, 어린 시절 그의 스승이었던 철학자 아리스토텔레스의 가르침[3]을 가슴에 새기면서 자란 알렉산더는 원정 도중 뜻밖에도 고산족 여인과 결혼하는 장면을 통하여 새로운 세계에 대한 편견을 극복하는 듯 그려진다. 하지만 그런 깨달음은 어느 닐 느닷없이 나타나서 부하들을 당황케 하고, 내부 분열을 유도하며 그 이후 진군에서도 그러한 새로운 인식의 지평이 지속되거나 확장되는 계기를 찾기 힘들다.

트로이아 전쟁을 염두에 두고 알렉산더를 아킬레우스에, 알렉산더의 동성애자 친구인 헤파이션을 아킬레우스를 모방하다 대신 죽은 친구이자 시종인 파트로클로스

3) 이 '위대한 철학자' 는 아시아인들은 재주와 지능은 있으나 기개가 부족하여 남에게 예속되어 노예로 살아간다며, 양자를 겸비한 그리스인들이 다른 종족을 지배하는 것은 당연하다고 생각한다. 그는 시대의 한계에 갖힌 그리스 중심주의자이자 노예제 옹호자였다. 아리스토텔레스, 천병희 옮김, 《정치학》(숲, 2009), 〈제1권: 국가공동체의 본질〉 참조.

〈트로이〉
〈300〉
〈알렉산더〉

에 비유하는 것은 재치는 있지만, 유치해 보인다. '우린 자유로운 마케도니아인' 이라 외치면서 '자유와 영광과 그리스' 를 위해 싸우자고 외치는 그의 연설은 너무나 상투적이다.

세상의 끝까지 가고자 했던 한 인간의 처절한 욕망과 고독은, 남편에 대한 증오와 그 반사작용으로 권력욕에 눈먼 어머니의 억압을 피해 동성애와 끝없는 정치적 야망 속에서 보상을 받으려는 영웅의 고통으로 묘사되고 있다. 하지만 이 영화에서 그의 제국이 '만인의 노예화' 를 위한 무모한 정복 사업 이상의 그 무엇이었는지에 대한 설득력 있는 장면을 찾기는 어렵다.

도대체 왜 서구(미국)인들은 그렇게 그리스의 영광과 그것을 빛내줄 역사적 보조 장치로서 페르시아전쟁에 집착할까? 그것은 혹 19세기 이후 세계를 지배하게 된 서구 문명의 영광의 기원을 찾고자 하는 열망과 함께, 거대하고 풍요롭던 동방에 비해 가난하고 분열되었던 그들의 선조(라고 여기는 민족들)가 살았던 시대에 대한 뿌리 깊은 열등감을 현재의 우월감으로 상쇄하고자 하는 보상심리의 발현은 아닐까? 그런 맥락에서 보면 '자유의 서방' 이 '노예의 동방' 에 승리한다는 신화는 탁월한 심리전 교본이긴 하지만 계몽된 동방, 부활하는 동양에서 역사적 사실로 오래 지지되지는 못할 것이다.

페르시아 연표

기원전	750년경	이란 북서부 엑바타나 중심 메디나 왕국 발전
	559~529년	키루스 2세, 아케메네스 왕조 건국
	525년	캄비사스 2세, 이집트 정복
	490년	그리스와 벌인 마라톤 전투에서 패배
	480년	살라미스 해전에서 패배
	330년	마케도니아의 알렉산드로스 대왕에게 멸망
	64년	로마에 정복됨
기원후	247년	아르사케스왕, 파르티아 설립
	224년	파르티아 멸망
	224~241년	아르다시르1세, 사산조 페르시아 건국 조로아스터교를 국교로 지정
	215~271년	마니교 창시
	651년	아랍 세력의 침공으로 사산조 페르시아 멸망
	1501년	사파비 왕조
	1929년	팔라비 왕조
	1979년	이슬람혁명, 이란공화국

그리스제국 연표

기원전	1200년	트로이아 전쟁
	750~700년	호메로스
	743~724년	스파르테의 메세니아 정복
	594년	솔론의 개혁
	6세기	펠로폰네소스 동맹
	494년	페르시아의 밀레토스 함락
	490년	마라톤 전투
	484년	헤로도토스 출생
	480년	테르모필라이 전투, 살라미스 해전
	479년	플라타이아 전투
	478년	델로스동맹 결성

〈트로이〉
〈300〉
〈알렉산더〉

2장

노예제 위에 세운 문명, 로마제국

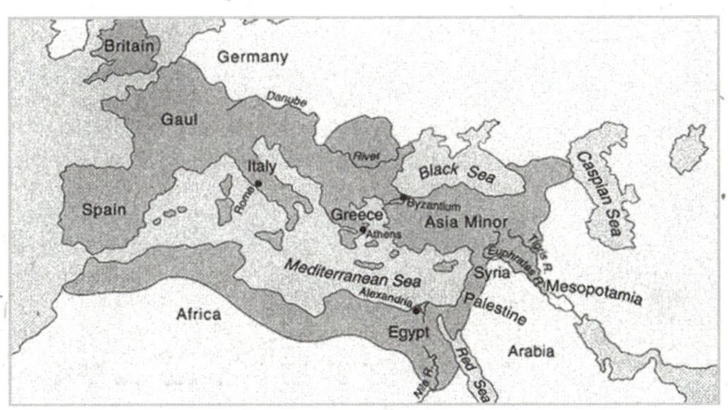

500자 영화읽기

벤허Ben-Hur ' **윌리엄 와일러** 감독, 1959

서기 26년 로마의 지배하에 있던 이스라엘에 새로운 총독이 부임한다. 예루살렘의 유대 귀족인 벤허의 옛 친구 멧살라도 주둔 사령관으로 함께 온다. 총독 부임 축하행진 중에 벤허의 여동생의 실수로 기왓장이 총독의 머리에 떨어진다. 멧살라는 이를 구실로 벤허 가족을 잡아들인다. 어머니와 누이, 연인이 감옥으로 끌려가고 재산을 몰수당한 벤허는 함선의 노예로 팔려간다. 몇 년 후 함선이 해적의 습격을 받자 벤허는 아리우스 제독의 목숨을 구하고 로마의 시민이 된다. 이스라엘로 돌아온 벤허는 멧살라에 대한 복수를 결심한다. 멧살라와 함께 출전한 전차 경주에서 멧살라의 전차는 뒤집히고 벤허가 우승을 차지한다. 그뒤 나병에 걸린 어머니와 여동생을 만난 벤허는 에스더의 안내를 받아 함께 예수를 찾아간다. 그러나 예수는 십자가를 지고 골고다 언덕으로 가는 길이었다. 예수에게 물을 주던 벤허는 그가 노예로 팔려 가던 자신에게 물을 준 사람임을 알고 깜짝 놀란다.

스파르타쿠스 Spatacus ' **스탠리 큐브릭** 감독, 1960

BC 1년, 리비아 광산의 노예 스파르타쿠스는 바티아투스의 눈에 띄어 카푸아의 검투사 양성소에서 훈련을 받는다. 어느 날 이곳을 방문한 로마 최고의 권력가 크라수스 일행은 검투사 시합을 요구하고, 스파르타쿠스 대신 일행에게 달려든 드라비는 크라서스의 단검에 목숨을 잃는다. 스파르타쿠스의 연인 바리니아가 크라수스에게 팔려가게 되자 스파르타쿠스는 훈련관 마셀러스를 죽이고 검투사들의 반란을 주도한다. 노예군을 토벌하기 위한 글라브러스의 군대는 전멸하고, 이탈리아 남부를 장악한 스파르타쿠스는 해적과 규합해 그들의 배로 탈출을 계획한다. 하지만 해적들이 크라수스에게 매수되어 고립된 노예군은 크라수스군과 용전하지만 궤멸당한다. 크라수스는 '내가 스파르타쿠스다' 라고 말한 모든 포로들을 십자가형에 처한다. 또 안토니누스와 함께 있던 스파르타쿠스를 직감으로 발견하고 그 둘에게 결투를 시켜 이긴 스파르타쿠스를 십자가에 못 박히게 한다.

글래디에이터 Gladiator ' **리들리 스콧** 감독, 2000

로마의 황제 마르쿠스 아우렐리우스가 총애하는 막시무스에게 권력을 넘겨주려고 하자, 황제의 아들 코모두스는 질투와 분노를 느껴 황제를 살해한다. 황제가 된 코모두스에 의해 가족을 모두 잃고 겨우 살아남은 막시무스는 노예로 전락하고, 검투사로 매일 훈련을 받는다. 막시무스가 모든 검투사 경기에서 승리하자 그의 명성과 인기는 날로 높아 간다. 로마로 돌아온 그는 오래 전 사랑했던 황제의 누이 루실라를 다시 만나게 된다. 코모두스는 막시무스가 살아있는 걸 알게 되지만 민중들이 두려워 그를 죽이지 못한다. 막시무스는 예전의 부하들과 황제의 동생 루실라의 도움을 받아 코모두스에 대한 복수를 계획한다. 하지만 계획은 코모두스에게 발각되고 막시무스는 체포되고 그를 따르던 많은 사람들이 죽게 된다. 코모두스는 부상당한 막시무스를 정당하게 죽이려고 콜로세움에서 막시무스와 결투를 하지만 죽임을 당하고 막시무스 역시 죽게 된다.

과연 로마는 '관용의 제국' 이었나?

〈벤허〉

〈스파르타쿠스〉

〈글래디에이터〉

고대 로마는 '관용의 제국' 이었을까? 근래 한국에서 스테디셀러로 자리 잡은 《로마인 이야기》의 저자 시오노 나나미가 설파하는 예의 '로마제국 관용론' 에 많은 한국인들이 동감하는 것 같다. 중국계 미국인 에이미 추아의 《제국의 미래》 또한 21세기 제국, 미국을 염두에 두고 관용의 정신을 성공적인 제국 경영의 열쇠라고 주장하고 있다. 나는 '성공적인 제국들' 에서 한때 관용 정책이 실시되었다는 사실을 부정하지는 않겠다. 그리고 바로 그러한 관용 덕분에, 무고하게 희생되었을지도 모를 수많은 종족과 집단, 개인들이 목숨을 부지하거나 심지어는 자신들의 능력을 발휘할 기회를 갖게 된 경우들도 알고 있다. 그러나 그들의 관용은 충실한 시민들과 '협력자' 들에게 베풀어지는 것이지 방해꾼들에게까지 적용되는 한가한 혜택이 아니었다.

과거 '위대했던' 제국들의 경영전략을 오늘에 되살려야 할 하나의 시대정신으로 간주하는 일부 저자 또는 출판사의 선전 문구를 곧이곧대로 받아들이는 한국사회의 풍토는 걱정스럽다. 아마 그러한 현상은 한국사회가 그간 서로 다른 가치나 이데올로기의 다양성을 인정하지 않고 배척하는 분위기가 강한 풍토에 대한 일종의 반작용일 터이다. 과거 한 시대를 주름잡았던 걸출한 제국들의 역사에서 뽑아낸 관용론에라도 기대어 우리 사회에 특별히 필요한 정신을 부각하고 퍼뜨릴 필요가 있다는 생각들이 많은 사람들의 머릿속에 자리 잡고 있을 것이다.

하지만 누군가가 역사적 경험으로부터 뽑아냈다고 하는 그럴듯한 보편적 가치나 개념을 대중에게 제시할 때, 그런 주장의 근거가 되는 역사적 맥락을 따져보지 않고, 마치 시대를 초월하여 적용될 법한 그들의 수사(修辭)에 현혹되는 일은 경계하여 마땅하다. 당대의 사회적 맥락을 벗어난, 또는 구체적 현실로 매개되지 않는 보편성이란 존재할 수 없기 때문이다. 더구나 과거 제국 경영자의 후예들이 그러한 가치를 설파할 때는, 매우 조심스럽게 살펴야 할 일이다.

그렇게 훌륭한 제국들의 '위대한 관용'이란 도대체 누구의, 무엇을 위한 관용이었단 말인가? 어떤 사회적 원칙이나 가치, 또는 그것을 표상하는 철학적·정치적 개념들

은 그것이 고안되고 작동되는 실제적인 메커니즘을 염두에
두지 않는다면, 소극적으로는 공허한 것이 되고, 적극적으
로는 특정 이데올로기의 포로를 만드는 장치가 될 수도 있
다. '문명인인 우리'가 '야만인인 그들'을 포용하는 효율
적인 지배전략이자 권력담론으로서 활용되는 관용론은 긍
정적으로 수용해야 할 것이 아니라 비판적으로 넘어서야만
할 대상인 것이다.[1]

여기 로마제국을 배경으로 하는 세 편의 영화가 있
다. 20세기 미국의 흥행 산업 메카 할리우드가 만들어낸 장
엄한 파노라마는 '위대한 제국-로마' 안에서 일어났던 놀
라운 이야기들, 또는 당대 '문명의 중심-로마'가 뿜어낸
화려한 빛 아래 깊은 그늘에서 땀과 눈물과 피로 자신들의
몸과 영혼을 적셔야 했던 사람들에 관한 이야기들이다. 이
미 하나의 오락산업으로 자리를 굳힌 역사극이라는 장르
자체가 과장된, 또는 가공의 스펙터클을 기대하는 대중의
요구에 부응해야 하기 때문에 이 영화들은 적절한 분량의
허구를 가미하여 사실을 재구성하고 있다.

그럼에도 불구하고, 이들 영화의 소재와 그 속에서 벌
어지는 사건들은 로마제국의 영광을 가능케 했던 '위대한
관용' 정신의 실체가 어떤 사회적 기반을 가진 것이었나를
재검토하게 만든다는 점에서는 지식사회학적으로 의미 있
는 텍스트라고 할 수 있다. 즉 에피소드가 아니라 사회현상

1) 관용을 '다문화제국의 새로운 통치전략'으로 보는 관점에 대해서는 다음의 책을 참조. 웬디 브라운, 이승철 옮김,《관용: 다문화제국의 새로운 통치전략》(갈무리, 2010)

〈벤허〉
〈스파르타쿠스〉
〈글래디에이터〉 **055**

으로서 관용은 효율적인 지배전략의 일부를 구성하는 측면에서 그 성격이 보다 잘 포착될 수 있는 것이지, 당대 제국의 엘리트들과 그 후예들이 만들어 낸 문명의 자기 성취라는 관점에서 평가하기에는 적절치 못한 경우가 많다는 것이다.

지배와 종속, 중심부와 주변부의 서사구조

윌리엄 와일러 감독이 메가폰을 잡은 영화 〈벤허〉(1959)는 월러스(L. Wallace)의 소설 《벤허: 그리스도 이야기》(Ben-Hur : A tale of the Christ, 1880)를 영상에 옮긴 세 번째 시도이다. 1959년 11월에 개봉한 이 작품은 아카데미 영화제에서 최우수작품상을 비롯하여 무려 열한 개 부문을 휩쓸었던 할리우드의 고전이다.

수만 군중이 운집한 전차경기장에서 두 주인공, 벤허와 멧살라가 목숨을 걸고 벌이는 운명의 복수혈전은 당시 세계 관객들의 심장을 벌렁거리게 하기에 충분했던 압권으로 기억되고 있다. 하지만 원작소설과 그것을 영상에 옮긴 이 영화의 진정한 의도는 사실 작품의 부제, '그리스도의 출현과 벤허의 구원'에 있다는 사실을 주목한 사람들은 그렇게 많지 않을 것이다.

이야기의 무대는 당시 로마제국의 속주였던 유대 땅.

영화 〈벤허〉의 서사구조
는 하나의 지배형태로서
제국의 구조라는 측면에
서 볼 때 중심부−주변부
관계의 반영이라고 할 수
있다. 바로 이 지점에서
영화의 두 주인공 벤허와
멧살라는 거대한 제국 구
조 내에서 서로 다른 정치
적 위치를 대표하는 존재
로 자리매김한다.

주인공 벤허(찰턴 헤스턴)는 거기 예루살렘에서 어머니와 누이동생과 함께 사는 귀족계급의 부호이다. 유대인이라는 피지배민족의 지배층을 대표한다고 볼 수 있는 그는, 자기 집안에서 거느리는 노예의 딸인, 하지만 벤허 스스로 애틋한 정을 느끼고 있던 에스더의 결혼 선물로 그녀를 자유인으로 해방시켜준다. 벤허의 상대역은 어릴 적 친구였던 멧살라(스티븐 보이드). 그는 제국의 총독을 도와 속주를 다스릴 현지 주둔군 사령관으로 부임해 옴으로써 이후 벤허 일가의 운명에 깊숙이 개입하게 되고, 결국 자신도 그 운명의 수레바퀴 밑에 깔리게 된다.

영화 〈벤허〉의 서사구조는 하나의 지배형태로서 제국의 구조라는 측면에서 볼 때 중심부−주변부 관계의 반영이라고 할 수 있다. 제국을 '한 국가가 다른 정치사회의 실제적인 정치적 주권을 통제하는 공식적 또는 비공식적 관계이며, 그것은 강제력과 정치적 협력, 그리고 경제 · 사회 · 문화적 종속을 통해서 성취된다'(M. Doyle)고 한다면, 로마는 제국을 대표하는 중심부이고, 유대인은 그 지배를 받는 주변부의 주민이다.

광대한 영토와 다양한 인종 · 민족 · 문화 · 종교의 복합적 구성물인 제국 구조의 핵심적 성격은 중심부와 주변부의 불평등한 지배-종속 관계이다. 권력과 권위는 중심부에서 나오며, 채찍과 당근을 번갈아 제공하는 제국의 권위가 최종적으로 의탁하는 것은 무자비한 폭력이고, 중심부의 자비나 주변부의 자발적인 동의가 아니다. 그런데 여기에서 중심부의 지배계급과 주변부의 피지배 민중을 매개하는 집단이 바로 토착 엘리트이다. 그들의 도움 없이 이루어지는 식민지배는 벌거벗은 무력에 의존하거나 대단히 비효율적인 것이 되고 만다. 정복당한 민중을 복종시켜 자원과 세금과 노동력을 짜내기 위해서는 먼저 그 지역의 상층집단부터 설득하지 않으면 안 된다.

바로 이 지점에서 영화의 두 주인공 벤허와 멧살라는 거대한 제국 구조 내에서 서로 다른 정치적 위치를 대표하는 존재로 자리매김한다. '세계제국 로마의 영광'을 굳게 믿어 의심치 않는 멧살라가 유대인들의 동태를 파악하여 불온분자들의 명단을 넘기라고 요구했을 때, 벤허는 그와 함께 제국의 '협력자'가 되어 일신의 안위를 구할 것인지, 동족의 편에 서서 저항자가 될 것인지를 선택할 기로에 서게 되는 것이다. 그리고 벤허가 정복자의 주둔군 우두머리로 돌아온 옛 친구의 부탁을 거절했을 때, 그의 운명은 이미 결정된 것이나 다름없었다. 영화에서는 벤허 일가가 옥상에서 새 총독의 부임 환영 퍼레이드를 구경하던 도중 우연히 굴러 떨어진 기왓장에 놀란 말이 날뛰자 총독이 낙마하여 거의 죽음에 이르게 되는 사건이, 이후 벤허 일가가 겪게 되는 잔인한 운명의 직접적 계기가 되는 것으로 그려진다.

하지만 멧살라에게 그것은 반항적인 유대인들에게 제국의 권위를 보여줄 절호의 기회였을 뿐, 벤허의 여동생 틸자가 고의로 기왓장을 던진 것이 아니라는 사실은 중요하지 않았다. 값싼 동정심에 자신의 정치적 야심을 저당 잡힐 만큼 멧살라가 어리석었다면, 이미 로마제국의 식민통치에는 구멍이 뚫리고 있었다고 볼 수 있다. 멧실라는 본래 로마 출신이 아니라 정복당한 주변부 민족 출신의 제국 정책 집행관이었기 때문에 누구보다도 더 자신의 충성심을 과시해야 할 필요가 있었던 것이다.

관용은 로마의 뜻에 충실하게 따르는 시민들과 '협력자'들에게 베풀어지는 것이지, 자신의 통치에 순응하지 않는 방해꾼들에게까지 적용되는 한가한 혜택이 아니었다.

왜냐하면 제국 통치자들의 관점에서 관용이란, 그럴만한 가치가 있는 통치전략이자 그것을 지탱할 비용으로 치러지는 것이며, 국고를 무한정 낭비하거나 제국의 기본질서를 흐트러뜨리면서까지 반드시 유지해야 할 고상한 품위 같은 가치가 아닌 것이다. 그것은 당대 문명의 이성적 성취라기보다는 제국 통치자들의 필요와 변덕에 따라 언제든지 압수될 수 있는 정책의 목록에 들어 있는 것이었다.

관용이란 이름의 통치전략

가족과 생이별당하고 노예선으로 끌려간 벤허가 불굴의 정신과 복수의 정염으로 살아남아 다시 옛 지위를 회복하여 멧살라에게 복수하고 가족과 재회한다는 이야기는 전형적인 영웅담이다. 그리고 자신이 풀어주었던 해방노예인 에스더가 본래 예정된 혼처로 가지 않고 그때까지 기다렸다가 벤허를 만나게 되는 이야기도 장중한 사극의 서사구조를 완화시키며 세부를 완성하는 데 필수적인 멜로라인이라고 할 수 있다. 영화의 후반부는 관객의 연민과 정의감에 호소하여 성공을 거두고 있는 셈이다.

그런데 더 중요한 문제는 필생의 과업이었던 복수를 달성하고 난 벤허의 영혼이 승리감에 젖기는커녕 괴로움에서 벗어나지 못하고 있었다는 것이다. 바로 이 대목에서 영화는 정말로 하고 싶었던 이야기, 즉 거대한 로마제국의 위대한 영광 아래 신음하고 있던 피폐한 정신세계를 구원해줄 그 무엇을 제시하고 있다. 그것은 다름 아닌 예수의 출현이며 기독교의 등장이다. 에스더는 산상수훈을 목격하고 벤허의 어머니 미리암과 여동생 틸자는 십자가형에 처해진 그리스도의 핏물로 문둥병이 치유된다. 그리고 벤허의 영혼 또한 손에서 칼을 거두고 (복수가 아닌) 용서를 통해서 치유되는 놀라운 경험을 한다는 것이다.

에드워드 기번이 그의 노작 《로마제국 쇠망사》[2]에서 제국의 쇠망 이유중 하나로 기독교의 확산을 지적한 이래 서구에서 로마제국의 홍망과 기독교의 관계는 줄곧 중요한 학문적 관심사가 되어 왔다. 영화 〈벤허〉는 그리스도의 출현 시기를 배경으로 하고 있기 때문에 5세기 중반에 멸망한 로마제국에게 기독교의 존재가 어떤 정치·사회적 의미를 지닌 것이었는지에 관한 질문을 담아낼 수는 없었다.

한편으로, 기독교는 속세의 권력으로 향해야 할 제국 신민들의 충성심을 현실에 존재하지 않는 유일신에게로 향하게 하는, 즉 충성심의 분열을 유도하는 효과를 가져왔지만, 다른 한편으로는 로마의 제국 질서를 충실하게 신민들에게 주입시키는 훈육자의 역할 또한 수행했다. 신생종교로서 기독교는 기존 질서를 긍정하지 않고는 광범한 주민 계층을 끌어들일 수 없었고, 로마의 전통 신앙들과 싸워 자

2) 에드워드 기번, 김희용·윤수인 외 옮김, 《로마제국 쇠망사 전 6권》(민음사, 2008~2010)

기 자리를 확보할 수 없었던 것이다. 그런데 영화 〈벤허〉에서 보이지 않던 한 사람, 즉 벤허 집안의 가내 노예인 시모니데스의 아내이자 에스더의 엄마는 어디로 갔을까? 왜 그 노예가족은 부녀로만 이루어졌을까? 여기 로마공화정 말기 이탈리아 전체 인구의 약 35%에 해당하는 200만 명에 이르렀다는 노예들의 이야기를 통해 그 사정을 짐작해 볼 수 있을 것이다.

로마를 위협한 스파르타쿠스의 '패배'

스탠리 큐브릭 감독이 커크 더글러스를 주연으로 내세워 찍은 영화 〈스파르타쿠스〉(1960)는 역사상 가장 유명한 노예반란 중 하나를 소재로 한 장편 서사극이다. 로마공화정 시기인 기원전 73년, 이탈리아 본토의 카푸아 검투사 양성소에서 잔혹한 경비원들을 죽이고 집단 탈출하여 베수비오스 산으로 간 노예들은 이후 약 3년에 걸쳐 거대한 로마군과 싸우면서 제국의 심장부를 위협하기에 이르렀다. 이제 '자유'를 얻게 된 노예들—스파르타쿠스의 군대는 한편으로 로마수비대를 격파하면서 승승장구하고, 다른 한편 수많은 노예들을 해방시키며 고향을 향해 진군했지만, 결국 로마의 야심가인 크랏수스의 8개 군단과 폼페이우스의 협공에 밀려 비극적인 최후를 맞게 되었다.

영화 〈스파르타쿠스〉는
로마를 위협한 노예들의
반란을 다뤘다. 그들은 결
코 이길 수 없는 전쟁, 살
아생전 결말을 볼 수 없는
무모한 길을 시작했지만,
그러나 패배가 전부는 아
니었다. 그들이 죽음을 대
가로 뿌린 '자유' 의 씨앗
은 가혹한 역사의 시험을
견디고 싹을 틔웠다.

스파르타쿠스 자신이 독백하듯, 그들은 결코 이길 수 없는 전쟁, 살아생전 결말을 볼 수 없는 무모한 길을 시작했지만, 그러나 패배가 전부는 아니었다. 9만 명에 달했다고 하는 노예해방군 중 대부분이 학살당하고 포로로 잡힌 6000명은 수십 킬로미터에 달하는 카푸아와 로마 사이 아피아 가도에서 줄지어 십자가형을 당했지만, 그들이 죽음을 대가로 뿌린 '자유' 의 씨앗은 가혹한 역사의 시험을 견디고 싹을 틔웠다고 할 수 있다.

영화의 마지막은 십자가에 매달려 목숨이 꺼져 가는 스파르타쿠스와 그의 아이를 품에 안은 아내 바리니아의 안타까운 조우 장면이다. 이 장면은 로마의 평민파 정치가였던 그락쿠스의 배려로 이제 자유인 신분을 얻은 바리니아가 갓난아이를 안고 로마를 탈출함으로써 새로운 역사의

3) K. R. 브래들리, 차전환 옮김, 《로마제국의 노예와 주인》(신서원, 2001), 42~43쪽

시작이 가능할 것임을 암시하고 있다.

로마제국의 멸망이 비록 직접적으로는 노예반란 자체에 의한 것이 아니었을지라도 제국은 언제나 그들의 반란을 두려워해야 할 운명을 비켜갈 수 없었다. 노예제 자체가 바로 기원전 3세기 이후 로마를 지탱해준 사회·경제적 기반이었기 때문에, 그리고 그 노예들에 대한 착취는 기본적으로 학대와 공포, 그리고 생명의 박탈에 이르는 폭력에 의해서만 유지될 수 있었기 때문이다.

따라서 노예들에게 대단한 모험을 수반하는 반란은 밀고 되기 쉬웠고, 엄청난 용기를 요구하였으며, 뛰어난 조직화와 지도력을 필요로 했으며, 마지막으로 불확실한 상황에서 행운의 여신이 그들에게 미소를 지어 주어야만 했다. 로마가 제국으로 팽창해가던 기원전 140년에서 기원전 70년까지 대규모의 노예반란은 세 차례 일어났는데, 그 중 둘은 곡창지대였던 시칠리아에서, 그리고 마지막이 바로 스파르타쿠스가 이끈 노예해방군의 반란이었다.[3]

영화 〈벤허〉에서 보인 것처럼 로마나 로마령 속주의 상층가정에서 주인과 노예 사이에는 때때로 놀라운 친밀성을 보여주었지만, 그런 현상은 개별적인 것이었고 노예제의 보편적, 전반적 특성과는 거리가 먼 것이었다. 노예들은 항상 자신에게 언제 닥쳐올지 모르는 주인의 변덕과 폭력, 그리고 인신매매의 공포 속에서 살아야 했다. 노예들에게

가끔씩 휴일이나 축제를 제공하고, 심지어 남녀 노예들끼리 가족을 구성하는 것을 묵인해주는 경우가 있었지만, 그 모든 것은 노예집단의 불만을 누그러뜨리고 보다 효율적인 노동력의 관리를 위해 계산된 조치였다. 어느 날 갑자기 노예 가족 중 한 명이, 또는 구성원들 모두가 뿔뿔이 낯선 곳으로 팔려가게 되면 그 노예가족은 자신들의 운명을 한탄하는 외에 다른 방도는 없었다.

그 중에서도 가장 비참한 존재는 바로 영화에서 스파르타쿠스가 일하던 광산노예들로서, 그들은 채찍과 쇠사슬과 태양 아래서 그야말로 인간에너지처럼 소모되는 존재였다. 거기에 무슨 문명이나 관용 따위를 들먹일 여지는 전혀 없었다. 물론 그 반대편에는 부유한 로마 고관들의 가내재산에 속하는 남녀 노예들도 있었고, 사치를 누리던 집안의 노예들은 자유빈민보다 물질적으로 더 나은 상태에 있었으며, 제국 전역에서 수천 명을 소유했던 황제에게 속한 노예들은 심지어 일징한 정치적 영향력까지도 누릴 수 있었다.

하지만 "어떤 사람의 적의 수는 그 사람이 소유한 노예의 수와 같다"는 유명한 로마의 격언은 노예집단과 주인 간의 적대감의 증거이자 가끔 현실로 나타나 놀라운 영향을 미쳤던 공포, 노예소유주들의 안전에 대한 공포의 증거로 해석될 수 있다.[4]

4) 브래들리, 같은 책, 41쪽

막시무스의 죽음과 팍스 로마나의 황혼

영화 〈글래디에이터〉(리들리 스콧 감독, 2000)는 서기 180년 마르쿠스 아우렐리우스의 통치가 막을 내릴 무렵, '팍스 로마나' 의 황혼을 다룬 영화이다. 이른바 5현제 시대(기원전 27~서기 161년)의 마지막을 장식한 이 '철인왕' 은, 제국의 영광이라는 것이 대저 무엇을 뜻하는지, 제국의 끝없는 전쟁 사업이 무엇 때문인지를 깊이 통찰할 수 있는 인물이었지만, 그럼에도 불구하고 기울어가는 제국을 구제할 수는 없었다.

25년의 통치 기간 중 21년간을 피의 정복전쟁으로 나날을 보낸 그는 《명상록》[5]에서 막다른 골목에 이른, 노예제 생산체계에 기반한 제국의 사회적 창조성 고갈과 야만족에 대해 더 이상 저항할 수 없는 상황에 대한 한탄 이외에 다른 무엇도 할 수 없었다. 공화정으로 되돌아가고자 한 그의 마지막 꿈은, 오직 야심뿐인 그의 아들 콤모두스가 아니라 그의 정치적 진심을 이해하는 전장의 영웅 막시무스를 계승자로 지명하는 것으로 나타난다.

하지만 자신의 배제를 받아들일 수 없는 콤모도스는 늙은 아비인 황제를 죽인 다음 막시무스를 제거하라고 지시하고, 그의 가족을 능욕해 불태워버린다. 처형장에서 탈출한 막시무스가 다시 붙잡혀 노예검투사가 되었다가 최후

팍스 로마나의 황혼을 다룬 영화 〈글래디에이터〉는 5현제 시대의 마지막 왕인 마르쿠스 아우렐리우스가 자신의 아들 콤모도스에 의해 죽임을 당한 뒤, 그가 왕위 계승자로 지명한 막시무스와 콤모도스의 운명적 결투를 담았다.

의 순간에 새로운 황제인 콤모도스와 결판을 벌이게 되고, 이 운명의 적수들은 5만 군중이 지켜보는 가운데 원형경기장에서 마지막 숨을 거두는 것으로 영화는 막을 내린다. 역사의 기록이 말해주는 바와 같이, 이후 로마는 위기의 시대를 거쳐 피할 수 없는 쇠퇴의 내리막길을 가게 된다.

이 영화는 '청렴하고 유능한 막시무스 장군' 의 영웅담이요, 막시부스와 그를 연모했던 콤모도스의 누이 루실라의 멜로드라마이며, '무능한 야심가인 콤모도스' 의 타락에 관한 보고서이다. 하지만 영화의 표면을 벗기고 보면 이 시기 로마는 대외적인 '과잉팽창' (overextension)과 노예제라는 사회경제제도로 인해 더 이상의 평화를 유지할 수 없는 단계에 이르고 있었다. 더구나 정치적으로는 민중의 요구를 받아들여 개혁을 실행할 수 있는 헌정 수단과 적절한 제위계승법의 결여로, 그리고 점점 커져 가는 군부의 영향력 하에서 내란의 위기에 노출되어 있었다. 제국은 자신이 감당하기 힘든 짐을 지고 헐떡거리고 있었던 것이다. 영광의 날들은 갔고, 오욕의 날들이 기다리고 있었다. 막시무스의 죽음은 로마제국의 하늘에 몰려오는 어두운 먹구름의 전조였다고 하리라.

로마제국 연표

기원전	753~54년	로마 건국(로물루스 형제의 신화)
	600년	에트루리아인 로마 지배(왕정)
	510~09	에트루리아인 왕 축출, 공화정 시작
		(공화정 확립을 480~475년경으로 보는 학자들도 있음)
	390~387년	갈리아족 침입(브렌누스의 로마 약탈)
	264년	로마, 이탈리아 정복 완료
	264~241년	1차 포에니전쟁
	218~201년	2차 포에니전쟁
	149~146년	3차 포에니전쟁(카르타고 황폐화)
	73~71년	스파르타쿠스 노예반란
	58~51년	갈리아전쟁
	49년	카이사르, 루비콘 강을 건너다("주사위는 던져졌다")
		공화정의 사실상 종말
	31년	악티움전투 승리로 옥타비아누스가 로마제국의 1인자가 됨
	27년	옥타비아누스, 아우구스투스의 칭호 받음
기원후	14년	아우구스투스 죽음, 이후 궁정쿠데타 빈발, 네로의 폭정, 로마 화재
	80년	콜로세움(원형극장), 공동목욕탕 완공

96~180년	다섯 명의 현명한 황제(5현제) 시대(네르바-트라야누스-하드리아누스-안토니누스-마르쿠스 아우렐리우스)
180~193년	혼란의 시기, 세베루스 즉위
235~284년	군사적 무정부 상태
284~305년	디오클레티아누스 황제 통치
293년	로마제국의 4분할(테트라르키) 통치 시작
303~304년	기독교 박해
313년	콘스탄티누스, 기독교 승인
330년	콘스탄티노플이 세워짐 (서로마제국과는 별도로 비잔티움제국 발전의 기틀)
476년	서로마제국 마지막 황제 폐위됨

동로마 = 비잔티움제국 연표

서기	324년	콘스탄티누스 대제, 동·서로마의 유일한 황제가 됨
	325년	기독교의 제1회 니케아 공의회
	330년	로마제국의 수도를 비잔티움으로 옮김(수도는 '콘스탄티노플'이 됨)
	395년	테오도시우스 1세, 동·서로마 분리
	431년	제3차 공의회, 콘스탄티노플 대주교인 네스토리우스 단죄
	457년	레오 1세, 총대주교 집전으로 황제 대관식
	482년~	30년간 동서 교회 분열
	529년	〈유스티니아누스 법전〉 공포
	532년	유스티니아누스 1세 치하 '니카 반란' ; 하기야 소피아 건립 시작
	562년	인접 경쟁자인 사산조 페르시아와 평화협정
	626~27년	페르시아와 전쟁
	636년	야르무크강 전투에서 아랍군에게 패배(이슬람의 정복 전쟁 시작)
	678년	'그리스의 불'로 아랍세력 격퇴
	730년	레오 3세, 성상 파괴운동 주도
	787년	제2차 니케아 공의회, 성상 파괴운동에 유죄 판결

〈벤허〉
〈스파르타쿠스〉
〈글래디에이터〉

843년	성상 숭배 재수립(성상 논쟁 종결)
860년	비잔티움 – 러시아 사이 최초 외교관계 수립
988년	키예프공국(러시아)이 비잔티움제국으로부터 기독교 수용
1054년	동 · 서교회의 대분열(교황과 콘스탄티노플 대주교의 상호 파문)
1071년	셀주크 투르크에 패배, 아나톨리아 지역 대부분 넘겨줌
1082년	비잔티움과 베네치아 통상조약(동방에서 베네치아 상업 세력 활개)
1096~99년	1차 십자군전쟁(니케아, 안티오크, 예루살렘 점령)
1147~49년	2차 십자군전쟁(소아시아에서 패배)
1185년	불가리아 독립(발칸지역에서 비잔티움의 우세 사라짐)
1189~92년	3차 십자군전쟁((성과 없이 끝남)
1195년	신성로마 황제 하인리히 6세에게 조공 바침
1204년	4차 십자군이 콘스탄티노플 점령, 라틴 제국 건설
1261년	미카일 8세 팔라이올로고스가 콘스탄티노플 되찾음
1300년경	소아시아의 대부분 지역, 오스만 투르크에 함락됨
1396년	불가리아, 오스만 투르크에 점령됨
1438~39년	페라리–피렌체 공의회, 동서교회 통합 선언
1453년	오스만 투르크의 메메드 2세, 콘스탄티노플 정복(비잔티움제국 종말)

3장

—

'신의 뜻'으로 진행된 학살, 스페인제국

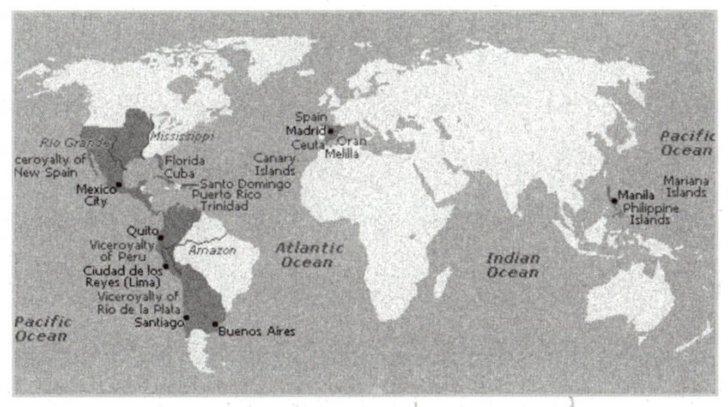

1492 콜럼버스 1492: The Conquest Of Paradise ' **리들리 스콧** 감독, 1992

에스파냐(스페인) 왕국으로 이민 온 이태리 출신 탐험가 콜럼버스는 아들 페르난도와 바다를 바라보다 수평선 너머로 사라지는 배를 보고 지구가 둥글다는 확신을 갖는다. 당시 기독교인들은 서쪽으로 가면 절벽과 지옥이 있다고 믿었지만 콜럼버스의 생각은 이와 반대였다. 에스파냐를 통치하고 있던 이사벨라 여왕은 콜럼버스의 탐험을 지원해 1492년 산타마리아호를 비롯한 3척의 배로 항해를 시작한다. 88명의 탐험대원들은 많이 두려워했지만 역경을 헤치고 항해에 나섰다. 2개월여 동안 서쪽으로 항해하던 콜럼버스 탐험대는 과나하니 섬을 발견한다. 그곳을 산살바도르라고 이름을 붙이고, 인도의 일부라고 생각했다. 본토 대륙을 찾아 두 번째 항해를 한 콜럼버스는 원주민과 옥시카와의 갈등, 허리케인 등으로 실패한다. 그후 콜럼버스는 반대파의 계략으로 감옥에 투옥되지만 이사벨라 여왕의 도움으로 석방되고, 아들 페르난도와 마지막 항해에 나선다.

미션 The Mission ' **롤랑 조페** 감독, 1986

1750년 아르헨티나, 파라과이와 브라질 국경 지역에서 일어난 실화. 가브리엘 신부는 호전적인 과라니족에게 음악을 통해 다가가고 신부에게 마음을 연 원주민들도 그를 신뢰한다. 이때 노예사냥꾼인 로드리고의 습격을 받아 과라니 원주민들이 납치, 살해당한다. 마을로 돌아온 로드리고는 자신이 사랑하는 여인으로부터 자신의 동생을 사랑하고 있다는 고백을 듣고, 자신의 동생을 우여곡절 끝에 숨지게 만든다. 로드리고는 자책감에 자살하려 하지만 가브리엘 신부가 그를 설득한다. 결국 로드리고는 과라니족 마을에서 용서와 사랑을 받으며 신부가 된다. 스페인과 포르투갈 사이에 새로운 영토 분계선이 그어지고 과라니 마을은 포르투갈 식민지에 편입된다. 가브리엘 신부는 신의 대리자로서 기도와 무저항을, 로드리고 신부는 저항을 택한다. 로드리고에게 가브리엘 신부는 자신이 걸고 있던 십자가를 풀어준다. 과라니족은 전멸하고, 가브리엘과 로드리고 신부도 죽고 만다.

미지의 세계를 향한 게걸스러운 욕망

〈1492 콜럼버스〉
〈미션〉

대중의 의식에 역사가 일상적으로 기억되는 방식의 하나는 달력에 적힌 기념일들의 명칭이다. 많은 사람들에게 그저 휴일의 하나일 뿐으로 여겨지는 경우가 다반사지만, 사실 그 특별한 명칭들은 과거를 어떻게 기록할 것인가를 두고 서로 다른 세계관을 가진 사람들이 펼친 치열한 정치투쟁의 산물이다. 예컨대, 어떤 나라들의 달력에서 해방, 혁명, 독립 등의 단어가 들어간 날짜는 해당 사회의 모든 구성원들이 별다른 생각 없이 쉽게 동의할 수 있는 합의를 반영하는 것이라고 하기 어렵다. 현실의 국가는 겉보기에 하나의 공동체처럼 비쳐지지만, 사실 그 속에는 화해하기 어려운 집단·계층·지역·종교로 분리되어 있는 경우가 적지 않기 때문이다.

미국이라는 나라의 달력에서 10월 12일은 여전히 콜
럼버스 기념일(Columbus Day)이다. 초·중·고교의 역사
시간에 여전히 '신대륙의 발견'에 관해 공부하는 학생들은
이날 학교에 가지 않는다. 여기서 '여전히'라고 말하는 것
은 아프리카 흑인의 후손이 대통령으로 당선될 만큼 미국
사회의 정치적 이성이 진화한 것처럼 보이지만, 그들이 가
까운 역사를 기억하고 기록하는 방식은 근본적으로 바뀌지
않고 있기 때문이다.

아메리카 대륙의 근대사는 유럽 출신 한 영웅의 모험
담으로 시작했다고 치부하기에는 너무나 잔인한 국가적 조
직범죄의 기록이지만, 미국의 어린 학생들은 아직도 진실
과는 거리가 먼 책들을 교과서로 가지고 다닌다. '학살자'
가 '영웅'으로 기록된 역사 교과서. 물론 학교 교과서만 그
런 것은 아니다.

공식적으로 가르치지 않는, 일반인들의 '상식'을 배
반하는 시각과 내용을 담은 영상물이 미국 사회에서 큰 무
리 없이 받아들여지는 것 또한 드문 일에 속한다. 그런 것
들은 미국식 애국주의 또는 미국이 그 탯줄을 대고 있다고
여겨지는 유럽문명 우월주의와 상충하는 것이기 때문에 굳
이 국가권력이 개입하지 않더라도 대중적 수준에서 드러나
는 거부감에 부딪히는 경우가 많기 때문이다. 따라서 할리
우드가 아메리카의 '발견'과 그 이후의 사태를 다루는 방

식은 이같은 사회적 맥락 안에서 그 틀거리가 규정된다고 할 수 있다. 근대 스페인제국의 역사와 관련된 두 편의 영화를 감상하는 우리의 관점도 바로 이런 상황을 염두에 두고 있다.

황금을 노린 희대의 사기꾼, 콜럼버스

〈1492 콜럼버스〉(1992)는 〈글래디에이터〉(2000) 〈블랙 호크 다운〉(2001)등 익히 알려진 작품으로 아카데미상을 받은 리들리 스콧 감독이 연출하고 제라르 드빠르디외, 아만드 아산테, 시고니 위버 등이 출연한 영화다. 감독이 이 주제를 다루는 태도는 영화의 초반 몇 분 동안에 이미 다 보여지고 있고, 나머지 150분은 그러한 역사해석의 지루한 보론이라고 할 수 있다. 배우들은 연기가 아니라 외모가 매력적이지만, 당대를 살았던 인간들의 열망과 고뇌, 흥분과 야비함을 절실하게 표현하기에는 한참 부족한 것으로 보인다. 결국 그것조차 감독의 역량이겠지만, 그렇다고 이 영화가 별 생각 없이 그저 재미 삼아 즐기기에 좋은 오락거리로서 성공하고 있는 것도 아니다.

아버지와 아들의 대화 형식을 통해 영화는 '꿈을 가진 한 남자의 도전'에 관해 이야기를 시작한다. 중세 말기의 스페인은 종교재판소에서 마녀사냥이 횡행하는 공포와

〈1492 콜럼버스〉는 유럽의 물질적 탐욕이 신대륙 대학살의 원인임을 보여주고 있다. 이제 막 자본주의라는 새로운 사회경제체제가 탄생하고 있던 르네상스기의 유럽세계에서 온 백인들의 끝없는 물질적 탐욕은 이후 수천만의 '인디언'들을 기독교의 이름으로 멸종시키는 대학살극을 낳은 원초적 본능이었다.

미신의 시대다. 그러나 사나이는 황혼이 내리는 바다 저 편에 존재할 새로운 세계를 상상한다. 그의 굽힐 줄 모르는 의지와 낙관주의, 그리고 하찮은 신분 출신임에도 여왕 앞에서 비굴하지 않은 고매한 정신이 결국 '신대륙의 발견'이라는 인류사의 위대한 전환을 초래했다는 시각이다. 멋모르는 어린 학생들을 위한 교육용 영상자료라면 애교로 봐 넘어가 줄 수도 있겠지만, 엄연한 성인용 영화라면, 그것도 1920년대나 1950년대가 아니라 세상이 상당히 계몽된 수준에 있었던 1990년대에 만들어진 영화임을 감안하면, 이 유명한 감독의 편파적 안목에 우호적인 점수를 주기는 어렵다.

유럽인들 자신이, 따라서 감독 자신도 공공연히 인정할 수밖에 없는 사실은 콜럼버스와 그 후예들이 미지의 대륙을 찾고자 떠났던 모험이 당시 청어를 절여 먹던 그네들에게 수요가 높았던 향신료와 황금을 노린 건달들의 투기였다는 것이다. 나중에 캘리포니아와 알래스카를 달구었던 노다지 열풍처럼, 그 건달 투기꾼들의 목표는 큰 것 한 탕으로 평생 먹고 놀만한 부를 거머쥐겠다는 기획부동산업자들의 사기극과 닮은 것이었다.

콜럼버스가 처음 밟은 땅에서 황금을 찾지 못한 채 원주민 몇 명을 노예로 잡아 배에 태우고 마드리드에 돌아가서는 "에스파뇰라는 기적의 땅으로⋯, 수많은 넓은 강에는 대부분 금이 쌓여 있고⋯, 향료도 헤아릴 수 없을 정도 많고 엄청난 금광이 있다"고 너스레를 떨면서 궁정에서 두 번째 항해자금을 받아낸 것[1]은 그 희대의 사기꾼이 지녔던 담대함을 증거하는 것이었다.

17척의 배와 200여 명의 선원이 참가한 두 번째 원정은, 애초에 콜럼버스가 노렸던 향신료와 황금 외에 새로 발견한 원주민 노예들을 대량으로 잡아오는 것이었다. 그런데 그들이 돌아와 보니 처음에 당도했을 때 남기고 떠난 1차 원정의 선원들이 치참한 주검으로 발견되었다. 곧바로 콜럼버스 일당의 노예사냥이 시작되었다. 원주민 공동체에 대한 약탈과 파괴가 조직적으로 자행되었고, 조금이라도 저항하거나 말을 안 듣는 것 같으면 수많은 동족이 보는 앞에서 마치 짐승을 잡듯 긴 칼로 가차 없이 원주민

1) 하워드 진, 유강은 옮김, 《미국민중사》(시울, 2006), 19쪽

들의 팔을 자르고, 여자들을 성적 노리개로 삼았다. 콜럼버스 자신이 훗날 '성부와 성자와 성령의 이름으로 팔 수 있는 모든 노예를 계속 잡아' 들였던 노예사냥에 대해 기록하고 있다.[2]

무자비한 폭력으로 이룬 '낙원의 정복'

그러면 원주민들이 처음부터 그렇게 잔인하게 얼굴 하얀 인종들을 대우했던가? 실상은 그 반대였다. 이 영화에서도 묘사되듯이 처음에 그들은 낯선 백인들을 신기한 족속으로 여기고, 선물을 주면서 아주 순진하고 친절하게 대했다. 그러나 유럽인들은 금방 은혜를 원수로 갚았다. 그들에게는 자연과 함께 신분의 우열 없이, 화폐의 노예가 되지 않고, 자유로운 공동체를 이루어 살아가는 야생 인류의 온전한 가치를 평가할 만한 고상한 식견이 없었다. 그들의 머릿속에는 오직 황금, 황금뿐이었다. 그들은 자신들을 해치지 않고 말 잘 듣는 원주민들을 아주 손쉽게 얻게 된 하인들에 불과한 존재로 여겼다.

바로 여기에서부터 이후 수백 년에 걸친 '아메리카의 악몽' 이 시작되었다. 이제 막 자본주의라는 새로운 사회경제체제가 탄생하고 있던 르네상스기의 유럽세계에서 온 백인들의 끝없는 물질적 탐욕은 이후 수천만의 '인디언' 들을 기독교도의 이름으로, 근대 유럽문명의 소산인 총과 칼, 그리고 그들과 함께 배를 타고 온 천연두로 멸종시키는 대학살극을 낳은 원초적 본능이었던 것이다.

이 영화의 원제는 '낙원의 정복(The Conquest of Paradise)'이다. 유럽인들에게, 그리고 그들의 후예인 미국인들에게 낙원은 '먼저 차지하는 놈이 임자'가 되어 마음껏 자원을 약탈하고 사적 소유라는 낯선 제도로 울타리를 치는 곳이었지 자신들이 부드럽게 그 품에 안길 에덴동산 같은 곳이 아니었다. 왜? '그들의 신'이 그 땅을 축복하지 않았기 때문이라는 것이다. 따라서 사실상 무주공산인 아메리카를 정복하고 착취하는 것은 기독교의 확산을 위한 신의 소명이었으며, 원주민들을 노예 삼아 황금을 갈취하는 것은 우월한 '문명의 전파'로 간주되었다. 콜럼버스 일당과 국가적 차원에서 그들을 승인하고 지원한 스페인 왕실에게 식민주의는 자랑스러운 모험이요, 국부(國富)의 성취로 여겨졌으며 전혀 부끄러운 일이 아니었다.

식민주의는 정치적으로 한 집단이 다른 집단을 통치하는 체제이며, 그 체제에서 전자는 후자에 대해 배타적인 통치권을 행사할 권리와 그 운명을 좌우할 권리(보통은 정복에 의해 세워지는 '권리')가 자신들에게 있다고 주장한다.[3] 따라서 식민지세계에서는 종속민의 삶에 관련된 근본적인 결정이 문화적으로 이질적이며 현지사회에 대한 적응의지가

3) 스티븐 하우, 강유원·한동희 옮김, 《제국》(뿌리와이파리, 2007), 66쪽

<1492 콜럼버스>
<미션>

4) 위르겐 오스터함멜,
박은영 · 이유재 옮김,
《식민주의》(역사비평사,
2006), 34쪽

거의 없는 소수의 외래 식민자에 의해서 이루어진다. 근대 식민지의 지배자들은 피지배자들에 비해 자신들이 문화적 우월성을 가지고 있다는 이데올로기적 정당화 원칙을 견지한다.[4]

그런데, 16~17세기에 포르투갈과 스페인이 주도하고 나중에 네덜란드와 영국이 가세하게 된 유럽의 노골적인 해양 팽창은 사실 그 기원에서 보자면 그들의 강력함이 아니라 오히려 그들의 취약함으로부터 연유한 것이었다. 왜냐하면 중세유럽은 동방의 거대한 이슬람문명권과 중국, 그리고 다른 제국들과 비교했을 때 정치적으로 통합적 권위체를 이루지 못한 채 지리멸렬했으며, 물질적으로는 가난하기 그지없었다. 문화적으로도 단순하고 편협한 세계에 머물러 있었다. 그리하여 새로운 땅에 대한 게걸스러운 갈망이 이들 유럽인들을 바다 건너 미지의 세계로 내몰았던 것이다. 당시는 강대한 오스만제국(1281~1922)이 유럽과 아시아를 잇는 유라시아의 육로를 지배하고 있었기 때문에, 그들이 엘도라도로 여긴 인도와 중국으로 가기 위해서는 불가피하게 대양을 건너는 모험을 할 수밖에 없었던 것이다.

망망대해에서 집채만한 파도에 휩쓸리거나 고래밥이 될지도 모르는 위험을 감수하고서라도 단단히 한몫 잡아 인생역전을 이루고야 말겠다는 투기꾼들에게 마침 기회를 제공한 것은 유럽에서 등장하기 시작한 중앙집권적 국민국가들이었다. 이탈리아 사람인 콜럼버스가 1492년 외국 땅인 스페인에서 최초로 대항해의 기회를 잡은 것은 바로 15세기 중반(1469년) 카스티야왕국의 이사벨라와 아라곤 연합왕국의 페르난도가 정략결혼을 통해 이베리아반도에 강력한 왕권 중심의 통합 왕국을 수립하고[5], 레콩키스타[6]를 완수한 상황에서였다.

중세에서 근대로 넘어가는 유럽 국가들은 보편권력을 자임하는 로마의 교황과 각지의 영주–귀족들에게 분산된 기존의 정치적 권위구조를 혁파하고, 신민들로부터 체계적으로 세금을 징수하면서 상비군을 설치해 자의적으로 전쟁을 수행하는 기계로 변하고 있었다. 따라서 대체로 하층계급 출신이던 모험가와 해적들의 후원자 노릇을 하면서 해외식민지 사업에 진출했던 유럽의 국왕들은 그러한 사업을 통해 정치적 영향력을 확대하고 전쟁비용을 조달하면서 대외적으로 위신을 과시하고자 했던 것이다. 외국의 은행가에게 빚을 지고 있었던 이사벨라가 콜럼버스를 후원하기로 결심한 것은, 영화에서처럼 단지 40세의 여왕이 39세였던 콜럼버스의 늠름한 남성적 면모에 홀려서라기보다, 이처럼 새로운 국왕으로서 '제국'을 향한 원대한 전략을 세우고 내린 국가적 정책결정이었던 것이다.

어떤 유형이건 식민지 건설은 원래 무자비한 폭력과

5) 존 H. 엘리엇, 김원중 옮김, 《스페인 제국사, 1469~1726》(까치, 2000), 13~43쪽.

6) 1492년 1월 6일 페르난도와 이사벨은 무어인들이 도시인 그라나다에 입성했다. 800년이 걸린 이 '실지회복운동'의 성공으로 스페인에서 이슬람세력이 쫓겨나고 다시 기독교세력이 지배하게 되었다.

7) 하워드 진, 앞의 책, 21~
22쪽

결부되어 있다. 영화에서 콜럼버스가 원주민들을 잔인하
게 처형하는 옥시카(그는 외국인이자 하층계급 출신인 콜럼버
스와 달리 스페인 귀족 출신이다)에게 "우리는 정착하러 왔지
전쟁하러 오지 않았다"고 외친다. 그것은 미지의 대륙에서
식민지를 건설하는 것이 얼마나 지난(至難)한 사업인지, 새
로운 지배질서를 구축한다는 것이 일사천리로 진행된 것이
아니라 실로 끝없는 분열과 음모와 배신과 복수로 점철된
드라마였다는 사실을 보여주는 장면으로서는 가치가 있는
부분이다. 그리고 콜럼버스가 그를 따라온 조잡한 인간들
보다 상대적으로 인간적 면모를 지닌, 보다 합리적인 사고
의 소유자임을 보여주는 에피소드로서 적절한 기능을 하고
있다.

그러나 설령 그런 에피소드가 사실이라고 하더라도,
어느 날 갑자기 들어선 외부인의 정착식민지라는 인공의
사회가 정착지의 경계를 따라 무장한 정착민들과 맨몸인
토착민 사이에 지속적으로 터져 나오는, 또는 은밀하게 감
추어지지만 언제든 상대에 대한 살육으로 비화할 수 있는
폭력적 구조라는 사실을 감추지는 못한다. 콜럼버스 일당
에게 침략 당한 아이티의 아라와크족은 처음에 약 25만 명
이 살았으나 잔혹한 학살과 혹사, 자살로 인해 1515년에는
약 5만 명으로, 1550년에는 500명으로 줄어들었고, 1650년
에는 후손들이 한 명도 남아있지 않았다.[7]

고결한 신부들의 영혼 속에 담긴 문화제국주의

영화 〈미션〉(1986)은 롤랑 조페 감독이 로버트 드니로 (로드리고 신부 역)와 제레미 아이언스(가브리엘 신부 역)를 내세워 만든 작품으로 그 해 깐느영화제 그랑프리의 영예를 안았다. 와이드 스크린에 펼쳐지는 이과수폭포의 장엄함에 전율할 때, 운명의 순간에 서로 다른 길을 선택하는 두 신부가 인간의 구원에 관한 존재론적 질문에 죽음을 불사한 투쟁과 기도로 응답할 때, 그리고 영화음악의 거장 엔니오 모리꼬네가 〈천국처럼 아름다운 지상에서〉와 〈가브리엘 오보에〉로 심장에서 온몸으로 퍼져나가는 감성을 건드릴 때, 우리는 주저 없이 이 영화를 명작으로 손꼽게 된다.

하지만 이 영화의 미덕은 남미의 원시 자연을 지상낙원처럼 촬영한 숨 막히는 화면이나, 음악이 한낱 영화의 배경에만 그치는 것이 아니라는 사실을 진하게 체험케 하는 감동적인 영화음악에만 있지 않다. 그것은 이 영화가 실로 당대의 정치현실을 회피하지 않으면서도 주인공들의 피할 수 없는 고뇌와 갈등을 생생하게 묘사하는 문제의식 속에 있다고 할 것이다.

영화의 배경은 스페인제국이 누렸던 영광의 날들이 이미 지나간 18세기 중반(1758년), 토착 주민들과는 아무 상관없이 포르투갈과 스페인의 권력자들이 탁자 위에서 영토의 경계를 갈랐던[8] 폭포 위 과라니족 마을이다. 이곳에서 원주민 선교를 하던 예수회 신부들은 세속 정치의 논리와 종교의 원리가 충돌하고, 최후의 순간에 신의 구원에 이르는 방법을 놓고 폭력적 저항과 비폭력 저항의 길이 치열하게 갈등을 일으키는 현장에 놓이게 된다.

신의 충실한 종자(從者)로서, 어떤 상황에서도 기도와 찬송만이 인간을 구원할 것이라는 믿음을 버릴 수 없었던 가브리엘 신부는, 마지막 순간에 신부의 서약을 거슬러 '순종하지 않겠다' 며 스페인 식민주의자들을 향해 총을 드는 로드리고 신부를 향해 "무력이 옳다면 사랑이 설 자리는 없습니다"고 갈파한다. 절대자인 신의 존재를 믿고 그의 사랑을 실천하기로 맹세한 신부에게 자신의 모든 것을 걸었던 선교 사업이 세속권력의 간섭으로 절체절명의 위기에 처했을 때, 이보다 정직하고 용기 있는 고백은 없을 것이다. 그는 절박한 현실을 회피하지 않았고, 위선으로 자신의 비겁함을 감싸려 들지도 않았다.

그러나 전직 노예상인이었다가 개심(改心)하여 고행 끝에 사제가 된 로드리고 신부는 총 세 자루와 화약을 훔쳐 기껏 화살로 무장한 원주민들과 함께 전쟁을 준비한다. 그에게 숲 속의 원주민을 영혼이 없는, '정글에 사는 짐승' 으로 간주하는 스페인 식민권력자들에게 맞서 총을 드는 것이야말로 그들이 구원하려고 한 원주민들에게 신뢰를 지키는

길이며, 결국 신의 사랑을 실천하는 엄숙한 투쟁이었다. 결
국 원주민들의 움막에 침략자들이 내뿜는 대포의 불길이 치
솟고 여자와 어린아이들이 나뭇가지처럼 쓰러져갈 때, 교회
안에서 기도와 찬송만 되뇌는 것은 신의 사랑을 한낱 사제
의 입술에 가두어두는 의식일 뿐이다. 폭력으로 이루려는
사랑은 신의 사랑이 아니라고, 자신은 그런 세상에서 살 수
없을 거라고 가브리엘이 외쳤지만, 로드리고는 지금 저 숲
속에서, 강가에서, 원주민들의 영혼과 함께 하지 않는 사랑
이란 진정한 사랑이 아니라고 절규했던 것이다.

　　운명의 갈림길에 선 두 신부의 번뇌와 갈등은 파국적
인 상황에서 정직하게 자신의 존재방식을 드러내는 것이
다. 우리는 그 중에서 어느 길이 옳다고 확신할 수 없다. 하
지만 정치적 맥락에서 볼 때, 두 신부는 폭포 위 숲 속에서

〈1492 콜럼버스〉
〈미션〉

자신들의 존재 자체가, '신의 뜻'이라고 여긴 유럽인들의 선교사업 자체가, 토착인들에게는 원초적 폭력이었다는 사실을 아마 깨닫지 못한 것으로 보인다.

영화의 마지막 장면에서 스페인 총독이 지휘하는 군대의 총탄에 맞아 쓰러진 로드리고 신부와 원주민 신자들이 뒤를 따르는 가운데 '죽음의 행진'을 하다 최후를 맞은 가브리엘 신부는, 결국 죽음으로써 완성되는 순교의 길에서 함께 만나는 것으로 비쳐진다. 그리고, 한 소녀가 전쟁이 끝난 뒤 강물에 떠있는 부서진 바이올린-가브리엘 신부가 바로 그것을 연주하여 원주민들과 관객의 심금을 울렸던-을 건져 가는 장면은 '신부들은 죽었으나 산 자의 기억 속에 남았다'는, 폐허 속 희망을 전달하려는 메시지로 읽혀진다.

그러나 무엇이 남았다는 것일까. 18세기 중반, 이미 세속 권력에 투항하여 제국주의 기획의 일익을 담당하게 된 카톨릭 교회에 맞섰던 예수회 신부들의 고결한 정신? 선교의 대상이 되어 원치 않게 영혼을 '구원 당해야' 했던 원주민들의 공동체는 무자비하게 파괴되고, 숱한 부족들의 무고한 죽음은 그것을 정직하게 기록해 줄 단 한 명의 목격자도 남기지 못했거늘…. 유럽의 선교사들이 자신들과 같은 나라 출신 현지 식민당국과 때로는 대립하고 저항하는 모습을 보여주기도 했지만, 그것은 양자 사이에 근본적인 목적이 아니라 접근방법이 달라서였다고 할 수 있다.

선교사들이야말로 스스로 '신성한 임무'를 자임하고, 누구도 초청하지 않았던 토착인들의 일상생활에 들어가 유럽식 세계관과 생활양식을 은혜로운 선물인 것처럼 하사하고, 자연 안에서 대대로 평온하게 살아가던 야생인들에게 '그들의 신'을 강요함으로써 '문화제국주의'의 첨병 노릇을 하지 않았던가? 식민지는 사라졌어도, 유럽 우월주의와 인종주의에 기초한 정신적 태도로서의 식민주의는 아직 완전히 사라지지 않았다.

스페인 제국 연표

1469년	카스티야 왕위계승자 이사벨과 아라곤 연합왕국 왕위 계승자 페르난도 결혼
1492년	그라나다 정복(북아프리카로 무어인들 이주) 크리스토버 콜럼버스 아메리카 대륙 도착
1494년	포르투갈과 토르데시야스 조약 체결(대양 너머 국가 간 영토 분할 조약) → 카나리야 열도 정복: 식민지 정책 시작
1496년	히스파뇰라, 푸에르토리코, 자메이카, 쿠바 등 점령(1511년까지)
1500년	인디오 노예 공식적으로 금지
1502년	아메리카에 엔코미엔다 제도 설립
1503년	세비야에 상무청 설립(아메리카 무역 관리 기관)
1517년	카를 5세 즉위(합스부르크 왕조의 시작)
1519년	멕시코의 아즈텍 정복(에르난 코르테스) 카를5세 신성 로마 제국 황제 즉위, 마젤란의 세계일주
1522년	멕시코 정복

1533년	잉카제국 정복(프란시스코 피사로), 페루정복
1535년	카를 5세 튀니스 원정군 파견, 탈환 성공
1545년	아메리카에서 포토시 은광 발견
1551년	스페인-프랑스 전쟁
1556년	펠리페 2세 즉위
1557년	제1차 파산 선언
1561년	항구적인 수도로 마드리드 선택(카스티야 중심의 정치)
1565년	세부섬에 필리핀 최초의 식민도시 건설
1566년	네덜란드 칼뱅주의자들의 반란
1571년	레판토 해전에서 오스만 함대 궤멸시킴, 필리페 2세의 필리핀 점령
1572년	제2차 파산 선언
1576년	아메리카 대륙 대규모 역병(1579년까지)
1580년	포르투갈 침공
1581년	포르투갈 코르테스에서 왕으로 인정
1588년	무적함대, 영국에 패배
1596년	파산선언과 범국가적 기부금 요금(카스티야의 경제난 심화)
1599년	역병 발발(1600년까지)
1601년	아일랜드 원정대 파견(재정 위기 심화)
1605년	세르반테스 《돈키호테》 전편 출간(후편은 1614년 출간, 국가적 환멸을 반영하는 소설)
1607년	파산 선언
1647년	파산 선언, 시칠리아 나폴리 반란
1668년	포르투갈 독립
1713년	위트레흐트 조약 : 부르고뉴 합스부르그 제국 해체, 단절

4장

일몰의 빛이 된 예술혼, 합스부르크제국

500자 영화읽기

아마데우스 Amadeus ' **밀로스 포먼** 감독, 1984

궁정 음악장인 살리에르는 자살에 실패하고 수용소에서 보호를 받게 된다. 그는 신부에게 자신이 모차르트를 죽였다고 고백하며 이야기가 시작된다. 살리에르는 신동으로 알려진 모차르트의 공연을 보고 그의 천재성에 감탄한다. 궁정에서 일하게 된 모차르트는 오만한 생활을 한다. 살리에르는 아무리 노력해도 모차르트의 명성을 따라가지 못했고 이에 신을 원망하며 그를 질투하게 된다. 모차르트는 무절제한 생활을 계속하고 재산은 점점 바닥이 나 사람들에게서 멀어져간다. 그러던 중 모차르트의 아버지가 죽고 그는 정서적으로 불안해진다. 이때 작곡한 모차르트의 오페라는 대중에게 무시되지만 살리에르만이 인정한다. 그러던 중 살리에르는 가면을 쓰고 모차르트에게 레퀴엠을 만들어 달라고 부탁한다. 레퀴엠을 쓰면서 모차르트는 점점 건강이 나빠졌다. 결국 공연 도중에 쓰러진 모차르트는 레퀴엠을 완성하고 숨을 거두게 된다.

사운드 오브 뮤직 The Sound Of Music ' **로버트 와이즈** 감독, 1965

잘츠부르크의 명문 집안인 트랩가의 가정교사로 들어간 철부지 견습 수녀 마리아. 퇴역 해군대령인 트랩은 자신의 아이들을 군대식으로 엄격하게 길들였다. 아이들은 마리아를 골탕 먹이지만 마리아는 다정다감하게 아이들에게 다가가고 아이들도 마리아에게 호감을 갖게 된다. 트랩이 재혼을 위해 빈으로 떠났을 때 마리아는 아이들과 소풍을 가고 즐거운 시간을 보낸다. 재혼할 남작 부인의 환영 파티에서 마리아와 트랩은 서로에게 호감을 갖는다. 마리아는 수녀로서 감정이 흔들려 수도원으로 다시 돌아가지만 결국 트랩과 결혼한다. 2차 대전이 시작되고 트랩은 참전을 명령받지만 반나치주의자인 트랩은 명령을 거부한다. 몰래 탈출하려던 트랩과 가족은 독일군에게 발각되지만 음악대회에 나가게 되고 〈에델바이스〉 등을 부르며 청중들의 마음을 사로잡는다. 트랩 가족은 1등으로 발표되지만 독일군의 감시를 피해 탈출한 뒤 스위스로 가기 위해 알프스를 넘는다.

글루미썬데이 Gloomy Sunday ' **롤프 슈벨** 감독, 1999

1999년 한 노인이 부다페스트의 한 레스토랑에서 〈글루미 썬데이〉를 듣고 쓰러진다. 60년 전. 오랜 꿈이었던 레스토랑을 갖게 된 유태인 자보와 그의 연인 일로나는 피아니스트 안드라스를 고용한다. 안드라스는 일로나를 사랑하게 되고, 그녀의 생일에 자신이 작곡한 〈글루미 썬데이〉를 연주한다. 그날 저녁 자보는 일로나를 안드라스에게 보낸다. 그리고 일로나에게 청혼을 거절당하고 강에 투신한 독일인 한스를 구한다. 〈글루미 썬데이〉를 듣기 위해 레스토랑을 찾는 손님이 늘어나지만 〈글루미 썬데이〉를 듣고 자살하는 사람이 속출하자 안드라스는 죄책감에 괴로워하다가 자살한다. 독일군이 헝가리까지 점령하면서 유태인 박해가 시작되고 자보는 자살을 시도하지만 결국 독일군에게 끌려간다. 독일군이 되어 돌아온 한스는 자보를 미끼로 일로나를 범한다. 한스는 독일의 패전을 예상하고 일부 유태인에게 돈을 받고 그들을 구해준다.

아름다운 왈츠 선율에 담긴 빛과 그림자

〈아마데우스〉
〈사운드 오브 뮤직〉
〈글루미 썬데이〉

이 장에서 언급하는 세 영화의 공통점이 무엇인가 묻는다면 많은 사람들이 즉각 '음악'이라고 대답할 것이다. 하지만 '제국의 역사'를 다루는 지면에서 왜 이 세 편의 영화가 선정되었는지를 금방 짐작할 수 있는 독자가 얼마나 될까. 천재 음악가의 일생이나 음악을 통해 운명이 바뀐 사람들의 이야기가 제국의 흥망성쇠와 무슨 상관이 있는가. 또 음악이라는 분야는 인간 생활에서 정치나 군사 영역과는 가장 거리가 멀지 않은가. 그리고 이 영화들이 우리가 잘 알고 있는 어떤 특정한 제국을 배경으로 하고 있단 말인가. 마지막 질문에 대한 답변으로부터 이야기를 시작해 보도록 하자.

익히 알려진 대로 모차르트의 일생을 다룬 〈아마데우스〉는 18세기 후반 이미 유럽에서 '음악의 도시'로 이름난 빈(비엔나)을 무대로 하고 있다. 영화 초반 알프스의 산지 풍경과 마리아의 노래가 환상적으로 어울리는 〈사운드 오브 뮤직〉은 거기에서 서쪽으로 그리 멀지 않은 도시, 바로 모차르트의 출생지인 잘츠부르크가 배경이다. 그리고 〈글루미 썬데이〉는 '아름답고 푸른 도나우 강'을 따라 동남쪽으로 내려가다 만나게 되는 부다페스트에서 벌어지는 특별한 음악적 사건을 소재로 하고 있다.

그렇다면 이 세 도시를 연결하는 나라들의 이름은? 바로 오스트리아-헝가리 이중왕국(1867년 성립)이다. 우리에게는 별로 익숙하지 않은, 그러나 유럽인들에게는 그 존재와 해체가 문화사적으로 각별한 의미를 갖는 '합스부르크 제국'의 다른 이름이다. 세 편의 영화들에서 주인공으로 나오는 모차르트와 살리에르(아마데우스), 마리아와 트랩 대령(사운드 오브 뮤직), 그리고 일로나와 안드라스, 라즐로(글루미 썬데이)는 모두 이 합스부르크 제국의 자식들이다.

빈을 수놓은 파란만장한 일몰의 빛

유럽의 변방에 위치한 빈이 중세도시로서 면모를 갖추게 되는 것은 13세기 무렵이다. 이후 16세기에 오스트리아는 '기독교의 전초부대'라는 사명을 다하는 강대국의 이미지를 얻게 된다. 17~18세기 동남방의 오스만제국이 쇠약해진 틈을 타 합스부르크 왕가는 제국의 위용을 갖추고 동유럽과 발칸반도에 걸쳐 지배권을 행사하게 된다. 19세기 후반에서 20세기 초반, 오스트리아-헝가리 제국은 그 절정기에 빈과 프라하에서 화려한 문화예술의 빛을 내뿜다가 결국 경쟁자인 오스만제국, 제정러시아와 함께 1914~18년 제1차 세계대전의 소용돌이에서 헤어 나오지 못하고 사라지고 만다.

음악비평가요, 프로이트의 친구였던 막스 그라프는 1945년 뉴욕에서 간행된 《음악도시의 전설》이라는 책에서 제국 말기를 장식했던 빈의 명랑한 분위기를 이렇게 회상했다.

"빈에서 태어나 자란 우리는 제1차 세계대전 전, 도시에서 멋진 시간을 보내는 동안 이 시대가 끝나리라는 것은 생각하지 못했으며 … 합스부르크 왕조가 몰락하리라는 것은 짐작조차 못했다. … 우리는 우아하고 아름다운 도시에서 멋지게 즐겼으며 그 위를 비추는 빛이 파란만장한 일몰의 빛이라는 것은 한순간도 생각하지 않았다."[1]

영원할 것 같던 일몰의 빛은 그렇게 환상적으로 도시의 교양계급 문화인들을 매혹시키고 있었다. 그리하여, 유럽 대륙을 덮친 대전쟁의 참화 속에서 한 시대를 풍미했던

1) 윌리엄 존스턴, 고원·김래현·변학수 외 옮김, 《제국의 종말, 지성의 탄생: 합스부르크 제국의 정신사와 문화사의 재발견》(글항아리, 2008), 62쪽에서 재인용.

〈아마데우스〉
〈사운드 오브 뮤직〉

웅장한 제국이 속절없이 해체되었을 때, 우아한 빈에서 안락을 누리던 매혹의 순간들을 잊지 못한 예술가와 지식인들은 몰락한 제국을 회억(回憶)하는 숱한 송가(頌歌)들을 쏟아냈다. 그렇게, 아주 전제적인 황제가 다스리던 보수반동의 도시는, 역사에서 일몰과 더불어 바다 속으로 가라앉아버린 낙원의 도시였던 양, 신화의 주인공이 되었다.

아직 어린 나이에 아버지와 함께 유럽 전역으로 연주 여행을 하면서 다양한 악풍을 체험하고 슈베르트, 바흐, 하이든 같은 거장들을 만났던 모차르트가 음악가로서 성공하기 위해 빈에 간 것은 그의 나이 스물다섯이던 1781년. 그때는 40년간 최고 통치자의 자리를 지키던 마리아 테레지아의 시대가 이제 막 끝나고 그녀의 아들 요제프 2세(재위 1780~90년)가 즉위한 바로 이듬해였다. 모차르트와 베토벤, 요한 슈트라우스와 말러 등 훗날 빈의 이름과 뗄 수 없는 숙명적 인연을 맺게 되는 음악가들의 활동 무대는 바로 이 테레지아와 요제프 2세 시기에 펼쳐진 일련의 계몽주의 정책과 관료주의 체제의 구축이라는 역사·문화적 구조의 지반 위에서 마련된 것이다.

프랑스와 프로이센의 영향을 받은 이른바 '계몽절대주의' 의 튼튼한 기초를 마련한 마리아 테레지아 여왕은 교회와 귀족의 병역특례, 고문과 농노제 등 중세의 잔재를 폐지하고, 의무교육을 실시하면서 중앙집권적 권력의 강화를 꾀했다. "나는 언제나 임신하고 있으리라"는 정치적(!) 신념을 지닌 '다산의 여왕'이기도 했던 그녀는 16명의 자녀를 낳아 폭넓은 정략결혼의 자원으로 활용함으로써 합스부르크 제국의 영토를 스페인, 이탈리아 북부, 유고슬라비아, 그리고 폴란드까지 넓히는 수완을 발휘했다.[2] 그리고 요제프 2세는 모차르트가 빈에 도착하던 바로 그해인 1781년 종교관용령을 내려 루터교도, 칼빈교도, 그리고 그리스 정교회도에게도 종교의 자유와 공민으로서 평등을 인정해 주었다. 또한 그는 문화도시로서 빈의 장래에 중대한 영향을 끼치게 되는 조치를 취했던 바, 그때까지 유대인에게 적용되었던 윤리규제법을 폐지하여 그들이 처음으로 게토 밖에서 살거나 장사를 하고 국립대학에도 다닐 수 있도록 했다.

하지만, 황제들이 위로부터 주도한 제국의 '계몽'은 절대주의 권력의 강화를 뒷받침하는 범위 안에 한정되었다. 요제프 2세의 종교관용령은 후계자들에 의해 무용지물이 되고, 합스부르크 가문은 유럽에서 반(反)종교개혁의 수호자임을 자부했다. 근대 유럽의 정신문화를 새롭게 주조한 르네상스의 축복을 거부했던 것이다. 따라서 같은 가문 출신이 지배한 이베리아반도의 스페인에서 마녀사냥이 횡행한 정도만큼은 아니라고 할지라도, 오스트리아는 19세기에 접어들어서도 여전히 정치적으로는 후진적인 중세의 나라로 남아 있게 되었다. 1848년 혁명으로 물러난 메테르니

2) 인성기, 《빈-예술을 사랑하는 영원한 중세 도시》 (살림, 2007), 24쪽

히 후작이 통치의 주인공이었던 19세기 전반의 빈은 경찰 정보원들이 도처에 깔린 감시와 억압의 도시였다.

시민계급의 자의식을 대표했던 모차르트

그럼에도 불구하고 중부유럽에 위치한 제국의 수도에서도 뒤늦게나마 시민계급의 출현을 알리는 어떤 징후를 외면할 수는 없었다. 영화 〈아마데우스〉(밀로스 포먼 감독, 1984)는 모차르트의 천재적 재능과 그의 기행(奇行), 그리고 그런 '오만하고 음탕하고 천박한 녀석'에게 재능을 부여한 신을 탓하면서 모차르트를 파멸시키려 했던, 하지만 생의 말년에는 자살을 기도하다 신부 앞에서 고해를 하는 궁정 악장 살리에르의 한탄을 줄거리로 삼고 있다. 영화를 보면서 우리가 모차르트의 명곡들에 심취하고 두 음악가의 재능과 성격, 인간적 대결에 주목하다가 자칫 놓칠 수도 있는 사실은, 두 주인공이 각각 당대 사회계급의 대표들로서 표상하는 권력관계의 문화적 의미이다.

남의 눈을 의식하지 않고 행동했던 모차르트의 해괴한 웃음소리, 또 그가 특유의 쉽고도 재미있는 곡들을 쓰고 연주하면서 기회 있을 때마다 살리에르를 모욕하는 것은 단지 방정하지 못한 성품 탓이라고만 볼 수는 없다. 모차르트는 황제 앞에서 옛날 신화와 전설에서 모티브를 따온 전

기존 계급의 천편일률적인 음악에 반기를 들었던 모차르트의 행동은 철없는 악동의 자만이라기보다 중세의 황제가 지배하는 나라에서 근대로 넘어가는 시기에 자유분방한 음악가로 표상되는 시민계급의 정체성 선언이라고 할 수 있다.

통 형식의 음악들을 조롱하면서 '이미 시들어버린 과거의 전설에 집착하는, 한껏 고상한 척 폼을 잡는 음악들에는 넌더리가 난다'고 실토한다. 또 자기는 '정열적이지만 설득력 없는' 그런 음악을 좋아하지 않으며, '나는 저질스럽지만 내 음악은 그렇지 않다'고 주장한다.

모차르트의 이러한 발설을 사회적으로 해석하면, 그의 발언은 실로 천기누설이라 할 만하다. 그것은 철없는 악동의 자만이라기보다 중세의 황제가 지배하는 나라에서 근대로 넘어가는 시기에 자유분방한 한 음악가로 표상되는 시민계급의 정체성 선언이라고 할 수 있기 때문이다. 실제로 모차르트는 〈돈 지오반니〉와 〈피가로의 결혼〉을 통해 당대 귀족들의 위선을 비꼬고 〈마술피리〉를 통해 사랑과 우정, 그리고 예술적 가치를 전면에 드러내, 지체될 수는 있으나 완전히 억압될 수는 없는 평민들의 자의식 성장을 반영하고 있다. 19세기 초반 베토벤은 〈피델리오〉(1805)로부터 9번 교향곡 〈합창〉(1824) 등 일련의 작품들을 통해 그러한 문화변동을 반영하는 흐름의 절정에 서게 된다.

다른 한편, 요제프 2세의 궁정악장이던 살리에르는 당대 지배 엘리트의 의식과 행태를 그대로 보여주는 인물이다. 그는 자신의 권력을 이용하여 당시 작곡만으로는 생계를 유지하기 힘들었던 평민 출신의 음악가 모차르트가, 그 시기에는 출세의 코스로 여겨지던 왕가의 자녀들에게 교습할 수 있는 기회를 차단한다. 그리고 빈궁한 사정을 호소하러 온 콘스탄체(모차르트의 아내)에게 '남편이 왕궁에서 일하게 하고 싶으면 혼자 밤에 찾아오라' 고 말한다. 아직 자신들의 음악을 편하게 즐길 수 있는 광범위한 시민계급이 등장하지 않아서 생존과 성공을 궁정과 귀족들에게 의존할 수밖에 없었던 음악가들의 처지를 권력자의 입장에서 철저하게 이용하는 것이다.

영화에서는 35세의 젊은 나이에 세상을 마감한 모차르트가, 의뢰받은 진혼곡을 재촉 받고 완성하기 위해 분투하는 동안 건강을 잃고 죽어 가는 것으로 그려진다. 누구는 그의 죽음을 수은 중독 탓이라고도 하고, 다른 누군가는 살리에르가 그를 독살했다는, 입증되지 않은 설을 퍼트리기도 했다. 그의 죽음에 관한 진실을 우리가 확인할 수는 없다. 어쩌면 모차르트의 장중한 레퀴엠은, 당대 빈의 권력자들이 바랐던 바와는 거꾸로, 오히려 화석화해 가는 제국의 운명을 독촉하고 억압된 자들의 존재를 어둠 속에서 각인하는 고통스런 작업이었는지도 모른다.

빈의 찬란한 향수에 젖은 잘츠부르크의 퇴역 장교

영화 〈사운드 오브 뮤직〉(로버트 와이즈 감독, 1965)은 모차르트가 씨를 뿌리고 그 후예들이 가꾼 찬란한 유산을 만끽했던 빈의 '마지막 황금의 날들'을 배경으로 하고 있다. 1938년의 잘츠부르크, 아내와 사별한 이후 거대한 저택에서 일곱 명의 자식들을 군대식으로 키우는 퇴역군인 트랩 대령과 이 집에 가정교사로 파견되는 말괄량이 수녀견습생 마리아는 시시각각 닥쳐오는 비극의 전조들을 까맣게 모르고 있었다. 아니, 고급장교 출신에 (그런데, 육상 국가인 오스트리아에 해군 대령이라니! 그 존재 자체가 빛바랜 황제의 훈장만큼이나 시대착오적인 것이다) 수도인 빈을 드나들어 세상 물정을 알 만한 대령은 일부러 외면하고 있었다.

합스부르크제국은 지도에서 사라졌으나 그 시대의 은총을 온몸에 받았던 무기력한 부르주아와 안이한 중간계층의 대변인들이 이미 파산한 현실에 대한 심리적 보상을 '지나간 황금시대'에 대한 안타까운 향수로 대신하고 있던

합스부르크 왕가의 향수에 젖어 현실을 외면했던 트랩 대령은 애창곡 〈에델바이스〉로 상징되는 조국의 가치를 수호하려는 애국주의자였지만 결국 알프스 산을 넘어 조국을 탈출해야만 했다.

시절이었다.

그들의 향수는 완전히 허구적인 것만은 아니었다. 19세기 빈은 바로크문화의 화려함이 판치는 축제의 도시, 향락의 제국이었기 때문이다.[3] 동시에 그들의 향수는 예술지상주의에 물든 작가와 지식인들이 훗날 상상한 신화의 산물이기도 했다. 구체적 현실에서 일상의 의미를 찾지 못하고 삶의 무료한 시간을 즐겼던 문화인들의 카페는 아늑했지만, 제국을 구성하는 영토의 인민들에게는 시민의 자유가 허락되지 않았다. 전쟁에서는 패배하기 일쑤였으나 화려한 제복으로 인기를 모았던 제국의 군대에서는 공통의 언어가 없어 장교와 병사들끼리 서로 의사소통을 할 수 없었다. 실재하는 힘을 갖지 못한 제도와 상징이 현실의 무력함을 감추는 훌륭한 장치로 기능했던 것이다.

　　이 시기 합스부르크 제국의 전제정치에 암묵적 포로가 된 빈의 분위기를 성격 짓는 말은 '비더마이어 문화' 라는 것이다. 이 용어는 1848년 혁명 이전에 형성된, 빈의 시민층에게 특징적이었던 정치적 체념과 카톨릭에 대한 믿음, 그리고 미적인 쾌락에 몰두하는 태도가 독특하게 결합한 양상을 가리키는 것이다. 유럽 전역이 혁명과 반란으로 밤을 지새울 때, 오스트리아 중산층은 정치를 외면하고 안락한 가정으로 후퇴해 음악과 문학과 미술에 몰두했다. 극작가들은 세상을 일종의 극장으로 보는 바로크적 사고방식을 부활시켜 체념과 관조, 그리고 사회변동에 대한 소극적 저항의 표현으로서 환상적인 죽음의 미학을 유포하고 있었다.

　　1840년 이후 빈을 세계에서 가장 우아한 무도음악의 중심지로 만든 왈츠와 오페레타 또한, 존스턴의 표현에 따르면, '정치적 무기를 대체한 외설' 이기도 했다. 사순절 전에 오는 사육제 기간에는 심지어 하룻밤에 50여 군데를 뛰어다니며 지휘봉을 들어야 했던 '왈츠의 왕' 요한 슈트라우스 2세[4]는 빈 사람들의 정치의식을 효과적으로 마비시키면서 다양한 계층의 사람들이 한데 어울리는 '예술 민주주의(Stildemokratie)' 를 구현했다.

　　오스트리아에서 허약하나마 자유주의적 입헌정부가 존속한 기간은 19세기 후반 약 40년 정도에 불과했다. 19세

3) "계급을 막론하고 향락을 쫓는 빈의 모든 사람들은 마치 왈츠에 매혹되기라도 한 듯 오페라하우스, 커피하우스, 극장, 술집, 무도회장, 음악홀, 시내의 드넓은 공원 등으로 몰려다녔다". 타임라이프북스, 김훈 옮김, 《제국의 종말: 오스트리아-헝가리 제국, AD 1848-1918》(가람기획, 2005), 12쪽.

4) 같은 책, 153쪽. 1890년 빈에서 시행된 한 여론조사에서 슈트라우스는 유럽 전체에서 세 번째로 인기 있는 인물로 꼽혔다. 1위는 영국의 빅토리아 여왕, 2위는 독일의 비스마르크 재상이었다. 같은 책, 162쪽

기 말엽 이후 보수적인 카톨릭 세력과 진보적인 사회민주당, 그리고 반유대주의를 폭력적으로 실천했던 파시스트들의 쇄도 속에 자유주의의 보루인 빈은 침몰했다. 그리고 1938년 8월, 한때 이 도시에서 화가로 출세하려던 꿈을 포기하고 돌아가야 했던 히틀러는 개선장군이 되어 옛날 자신을 박대했던 문화예술의 중심지에 통렬하게 복수했다. '영웅광장'에 수십만 명의 인파가 집결한 가운데 그는 독일과 오스트리아가 새로운 기치 아래 통합된 '제3제국'을 선포했다.

현실에서 행동하는 삶을 꿈속에서 예술하는 삶으로 대체해 버렸던, 그리고 결국에는 예술을 하나의 도피처 삼았던 빈의 시민들은 이제 정면으로 그들이 그렇게 피하고 싶었던, 불쾌할 뿐만 아니라 위협적이 되어버린 정치현실, 즉 파시즘의 세계에 직면하지 않으면 안 되었다.

〈사운드 오브 뮤직〉에서 트랩 대령은 오스트리아의 깃발과 애창곡 '에델바이스'로 상징되는 조국의 가치를 수호하려는 애국주의자로 묘사된다. 독일 파시스트들이 승리한다면 트럼펫 연주자가 되겠다고 호언하던 그는, 그러나 신혼여행 직후 얼결에 참여하게 된 합창대회 수상식 중간에 아이들을 데리고 알프스산을 넘어 탈출하지 않으면 안 되는 절박한 상황에 처하게 된다. 처음 가정교사로 들어왔던 마리아가 "당신은 아이들을 몰라요!"라고 외쳤을 때

는 부인하다가 나중에야 그 사실을 인정했던 것처럼, 대령
은 산을 넘으면서 비로소 조국이 처한 위험한 현실을 직시
하지 않았다는 것을 뼈아프게 인정해야만 했을 것이다. 그
가 그토록 사랑했다고 여긴 조국은 퇴역군인의 빛바랜 추
억으로는 지켜질 수 없었다. 마리아의 간절한 기도처럼
'한쪽 문이 닫히면 다른 쪽 문이 열려' 파시스트들의 손아
귀에서 벗어나게 되었더라도 그것은 막다른 골목에 몰린
도피의 여정이었지, 애초부터 새로운 삶의 터전을 가꾸려
는 의지의 산물은 아니었던 것이다.

부다페스트를 감싼 우울한 멜로디

영화 〈글루미 썬데이〉(롤프 슈벨 감독, 1999)는 트랩 대
령과 마리아가 잘츠부르크에서 탈출해야 했던 동시대, 헝
가리의 부다페스트에 위치한 레스토랑 〈자보〉의 주인 자
보와 그의 연인 일로나, 그리고 그녀의 새 연인이 되는 피
아니스트 안드라스가 겪었던 독특한 음악적·정치적 사건
을 다루고 있다.

이름 없는 한 젊은 음악도가 작곡해 레스토랑에서 시
험 삼아 연주해 본 〈우울한 일요일〉(Gloomy sunday)이라는
노래가 삽시간에 엄청난 성공을 거두었으나 동시에 '저주
받은 노래'가 되어 헝가리에서만 그 멜로디를 듣고 8주간

157명이 자살한다는 진기한 기록을 모티브로 삼고 있다. 영화는 일로나를 둘러싼 라즐로와 안드라스의 행복한(?) 3각 관계에 한스라는 독일인 사업가가 침입해 들어와 모든 것을 파괴하는 이야기 구조로 이루어져 있다.

"우울한 일요일 저녁까진 길지가 않네 (…) 안전한 어둠의 땅에서 난 배회해요 (…) 우울한 일요일 외로움에 흐느끼고, 눈을 감고 당신은 떠나 버렸네."

안드라스는 뒤늦게 자신의 곡에 가사를 붙여 보지만 온몸으로 앓고 있는 그 지독한 우울의 정체를 알 수 없었고, 일로나와 자보는 그가 파시스트의 권총으로 자살한 다음에야 노래의 메시지를 암호처럼 해독하려 한다. 상처와 모욕을 피할 수 없는 것이 인생이지만, 모든 사람은 마지막 남은 존엄성 하나로 그 치욕의 순간들을 견디는 것이며, 만약 그것마저 지킬 수 없다면 존엄성 자체와 함께 떠나야만 하는 것이 아니겠냐고….

창백한 시대의 우울과 모욕을 견디지 못하고 떠나버린 안드라스의 대척점에 한스가 서 있다. 그는 레스토랑에서 일로나에게 첫눈에 반한 청년이었으나 사랑을 얻지 못하고 독일로 돌아가 파시스트 사업가가 되어 부다페스트에 돌아온다. 유대인 자보와 그의 동포들을 아우슈비츠행 열차에 태워 보내면서 마지막으로 일로나의 몸을 탐하고 유대인들이 목숨 값으로 지불한 귀금속 상자를 챙겨 가는 한

여주인공 일로나가 안드라스와 자보와 누렸던 행복한 삼각관계는 나치의 등장과 함께 산산조각 나고 만다. 하지만 그녀가 사랑했던 두 남자, 안드라스와 자보가 시대의 우울과 인종주의의 덫에 걸려 희생양이 된 이후, 제 발로 찾아 온 한스의 '자살'로 한 시대는 마감한 것일까.

스의 행태는 파시즘의 탐욕과 잔인성을 구현하는 장면이다. 안드라스의 묘비명에 적힌 1945년, 히틀러가 지하벙커에서 자살하고 베를린은 소련군에게 해방되어 광기의 시대는 일단 끝이 났지만, 한스와 같은 학살자는 살아남아 80회 생일을 축하하기 위해 다시 부다페스트의 레스토랑 〈자보〉를 찾는다. 다시 '우울한 일요일'의 선율이 흐르고 60년 전 바로 자신이 파멸시켰던 한 여인, 일로나의 사진을 보는 순간 발작을 일으킨 노인은 숨을 거둔다.

할머니가 된 일로나는, 그 순간 레스토랑의 주방에 있었다. 뒷모습만 비치는 그녀는 지난 60년간 마지막 남은 인간의 존엄성을 지키며 살아왔을까. 그녀가 사랑했던 두 남자, 안드라스와 자보가 시대의 우울과 인종주의의 덫에 걸려 희생양이 된 이후, 제 발로 찾아 온 한스의 '자살(?)'로

한 시대는 마감한 것일까. 가을의 석양처럼 빛나던 합스부르크의 문화적 영광을 짓밟고 '아리아인의 생활권'을 폭력으로 확장하려던 독일의 '제3제국'은 2차 대전의 잿더미 속에 영원히 사라진 것일까. 19세기 빈의 밤을 환상의 세계로 유인했던 왈츠와 20세기 부다페스트를 감쌌던 음울한 멜로디는 두 제국의 빛과 그림자를 음악적으로 표상했던 것이다.

합스부르크제국 연표

서기		
	976년	신성로마제국 레오폴드 1세, 빈 지역의 '변방 백작'으로 임명됨
	996년	오토 3세, 프리이징 주교에게 빈 지역을 봉토로 수여('오스타리치' 명칭)
	1200년	경 방어용 성곽 건설(1529년 투르크 침공 때 붕괴)
	1278년	루돌프 1세, 경쟁가문들에 승리하여 합스부르크 제국 시조가 됨
	1477년	막시밀리안 황제, 수도를 인스부르크로 옮김
	1517년~	독일 종교개혁과 농민전쟁 혼란 틈타 독일제국으로부터 완전 독립
	1583년	루돌프 2세, '황금도시' 프라하로 천도
	1618~48년	30년 전쟁, 혼란 틈타 신성로마제국의 지배로부터 벗어남
	1679년	1541년에 이어 다시 흑사병 창궐(12000명 죽음)
	1713년	쇤부른 궁전
	1739년	칼스 교회 완공
	1740~80년	마리아 테레지아 여왕 치세(16명의 왕자와 공주 통해 정략결혼 외교)
	1805년 11월	나폴레옹 군대의 빈 입성, 시민들의 열렬한 환영
	1806년 11월	프란츠 1세, 샤를마뉴의 신성로마제국 해체 선언 (그는 오스트리아의 세습 황제 지위만 유지)
	1814~15년	빈 회의(프로이센, 러시아, 영국, 프랑스 등 전승국 중심 유럽질서)
	1848년	유럽혁명의 해, 프란츠 요제프의 황제 즉위
	1866년	오스트리아, 프로이센 및 이탈리아와 전쟁(베네치아 잃음)
	1867년	요한 슈트라우스의 왈츠 〈아름답고 푸른 도나우강〉 초연 오스트리아–헝가리 이중제국 탄생 (프란츠 요제프와 사촌 엘리자베트, 헝가리왕과 왕비로 즉위)
	1870~71년	프랑스–프로이센 전쟁 뒤 독일제국 탄생
	1873년	빈 국제박람회, 빈 주식시장 붕괴
	1878년	오스트리아–헝가리제국, 오스만투르크 영토인 보스니아–헤르체고비나 점령
	1879년	오스트리아–헝가리제국과 독일제국 동맹
	1889년	오스트리아 사회당 결성, 황태자 루돌프 자살

1897년	기독교 사회당의 카를 뤼거가 빈 시장이 됨.
1898년	엘리자베트 황후 제네바에서 암살당함.
1907년	사회주의자들 압력으로 제국의회가 서부지역에서 보통 선거 실시 결의
1908년	보스니아–헤르체고비나 합병, 구스타프 클림트 〈키스〉 완성
1914년	프란츠 요제프의 조카이자 상속자인 프란츠 페르디난트 대공과 그의 아내 조피가 사라예보에서 암살당함, 유럽(1차) 대전 발발
1916년	프란츠 요제프 사망
1918년	전쟁 종료, 군주제 폐지, 오스트리아가 공화국이 됨(제1 공화국)
1929년	세계 대공황, 사회주의 당원 수가 718,000명에 이름
1934년	시민과 '공화주의 방위단' 합세, 반봉건 데모, 정부군에 진압 당함
1938년	3월 히틀러의 빈 입성, 수십만의 시민이 환영 오스트리아를 독일제국으로 통합 선언.
1945년~	2차 대전 패배 뒤 4개 연합국(미·영·소·불)의 분할통치 하에 들어감
1955년 5월~	오스트리아, 소련과 협상 뒤 영세중립국 선언

5장

문명의 얼굴을 한 야만, 프랑스제국

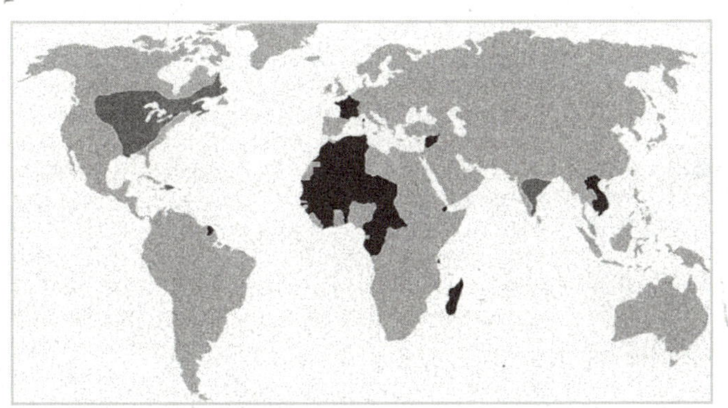

인도차이나 Indochine ' **레지스 와그니어** 감독, 1992

엘리안느 드브리는 인도차이나에서 아버지와 함께 광대한 규모의 고무나무 농장을 운영하고 있는 프랑스인 독신녀다. 그녀는 냉정함과 오만함을 가지고 있지만, 인도차이나의 마지막 황녀인 까미유를 입양해 친자식처럼 사랑을 베푼다. 어느 날 이 가족에게 젊고 매력적인 프랑스 해군장교 장 밥티스트가 나타난다. 그는 엘리안느와 깊은 관계에 빠지지만, 한편으로는 현지인들을 이용해 풍족한 삶을 누리는 그들에게 회의감을 느끼기도 한다. 한편 까미유는 위급한 상황에서 자신을 구해준 장에게 애정을 느끼고, 인도차이나 사람으로서 정체성을 자각한다. 서둘러 자신을 결혼시키려는 엘리안느의 요구를 거부한 그녀는 프랑스 장교를 살해하게 되고, 같이 있던 장과 함께 도주한다. 하지만 까미유도, 장도 체포된다. 엘리안느는 장과 까미유의 아이를 안고 장을 위해 프랑스 정부와 싸움을 한다. 하지만 장은 죽음을 맞이하게 되고, 엘르안느와 까미유는 재회한다.

영광의 날들 Indigenes ' **라시드 부샤렙** 감독, 2006

2차 대전이 발발하자 알제리 출신 청년 사이드는 식민지 종주국인 프랑스를 위해 입대한다. 훈련소에서 같은 처지의 병사들과 함께 고된 훈련을 견뎌낸 사이드. 토착민 출신 병사들에게 가해지는 불평등에 괴로워하지만 이탈리아 전투에서 승리를 거둔다. 전쟁이 끝나는 날, 자신에게도 진정한 자유가 오리라는 기대를 갖지만 식사, 진급, 편지검열로 이어지는 불평등 속에서 토착민 병사들과 프랑스 병사들의 갈등은 점점 깊어만 간다. 사이드를 비롯한 동료들은 전과를 거두어 현재의 상황을 타개하고자 독일군 치하의 알자스에 침투해 전투를 벌이기 시작한다. 노르망디와 동부전선, 알자스 지방에 걸쳐 이루어진 치열한 전투에서 사이드를 비롯한 식민지 출신의 병사들은 목숨을 걸고 승리를 이루어냈지만 승전을 기념하기 위한 사진 속에서조차 그들을 위한 자리는 없었다. 오직 프랑스 출신 군인들만이 프랑스의 국기를 대지에 꽂은 채 영웅이 되었다.

알제리 전투 La Battaglia Di Algeri ' **질로 폰테코르보** 감독, 1965

1957년 10월 어느 새벽, 알제리민족해방전선(FNL) 소속의 반군 한 명이 프랑스 부대의 고문을 이기지 못하고 마지막으로 남은 지도자 알리가 숨어 있는 곳을 알려주고 만다. 자신을 둘러싼 프랑스 군의 포위망 앞에서 알리는 지난 시간들을 회상한다. 1954년 11월 1일 시작된 독립전쟁 알제리 전투 와중에 무고한 아랍인 노동자가 프랑스 경찰을 살해했다는 혐의를 쓰게 된다. 프랑스는 보복으로 아랍인 거주구역에 폭탄을 투하하고 비인간적인 공습에 대해 분노한 알제리 사람들은 프랑스 구역에 폭탄을 설치한다. 폭발로 심각한 피해를 입은 프랑스 정부는 최정예 공수부대를 파견해 잔혹한 고문과 살육을 일삼는다. 끝내 패전한 알제리민족해방전선. 다시 1957년 10월. 알리와 그의 동지들은 항복을 거부한 채 스스로 폭사하고, 결국 알제리 전투는 프랑스의 승리로 끝난다. 그러나 알리가 죽은 뒤 3년 후, 대대적인 민중봉기가 일어나고 1962년 마침내 알제리는 독립한다.

식민지에선 통용되지 못한 '똘레랑스'

〈인도차이나〉
〈영광의 날들〉
〈알제리 전투〉

프랑스 식민지에서 자유주의는 인종차별 정책과 공존했다. 프랑스에서 식민지 출신 원주민에게 시민권은 권리가 아니라 '오직 줄 만한 가치가 있다고 판단된 사람들에게만' 국가가 내리는 특전으로 인식되었다. 21세기가 되도록 자신들의 부끄러운 과거에 솔직하게 대면하기를 두려워하는 프랑스인들이 과연 자신들의 선조가 무력으로 정복한 땅에서 저지른 고문과 강간과 학살로 인해 일어난 전쟁에 대해 '진실'을 밝혀내겠는가. '집단적 통회'는 언제까지나 파시스트의 후예인 독일인들의 몫이라고 간주하는 것으로 프랑스 제국주의의 위선이 영원히 덮여질 수 있을까?

고통이 사랑의 일부라는 사실을, 그래서 유행가 가사처럼 '사랑은 눈물의 씨앗'이라는 사실을, 교복을 입은 10대 소녀가 알 수 있을까? 더구나 그 사랑이, 온전한 자기 나라에서가 아니라 외세의 식민지로 전락한 땅에서 제국주의 장교와 엮어지는 것이라면….

총격이 난무하는 거리에서 우연히 그녀를 목격하고 집으로 데려다 준 쟝(뱅상 페레)이 자신의 목숨을 건져줬다고 여기는 순진한 까미유(린당 팜)는 그날 이후 걷잡을 수 없는 연애감정의 소용돌이에 빠져들게 된다. 어느 날 갑자기 자기 존재의 모든 것이 되어 버린 그! 하지만 꿈속에서나 만날 법한, 그렇게 멋있는 청년장교는 이미 '엄마'의 연인이었다.

다른 한편, 그동안 많은 남자들을 만났지만 흔적을 남기지 않았다고 자랑했던 엘리안느(까뜨린 드뇌브)는 이제 연적이 되어버린 '딸'과 연하의 장교 사이에서 질투와 번민으로 밤을 새우며 허우적거리게 된다. 결국 쟝은, 대농장 소유주이자 현지 경찰국장의 프로포즈를 받고 있던 엘리안느의 입김으로 '제국의 유령'이라 불리는 남쪽 섬으로 좌천된다. 그리고 그는 자신이 충성을 바치려고 건너온 제국의 식민지에서 조직적으로 노예시장이 운영되는, '문명의 얼굴을 한 야만'이 어떻게 실재하는지를 충격적으로 경험하게 된다.

식민지 여인의 비극적인 사랑법

영화 〈**인도차이나**〉(레지스 바르니에 감독, 1992)는 이렇게 모녀 사이로 맺어진 미모의 식민지 농장주와 입양된 현지인 몰락 왕족의 딸, 그리고 프랑스에서 파견된 청년장교 사이에 벌어지는 애정관계를 표면에 내세운다. 이런 식의 삼각관계는 그동안 숱한 소설과 영화에서 되풀이된 진부한 이야기 구도라서 새삼스러울 것이 없다.

여주인공 역할을 맡은 까뜨린 드뇌브는 여전히 매혹적이지만, 야망에 찬 초보 장교와 불꽃처럼 타오르는 사랑을 나누는 여인으로서는 너무 밋밋하게 나온다. 만약 그런 연기가 감독의 전략이라면, 그것은 이 영화의 사회성을 반영하는 하나의 장치로서는 평가할 만하다. 왜냐하면, 엘리안느는 자신의 딸이 된 까미유를 사랑한다고 계속 말하지만, 그녀의 정체성에 의미를 부여하는 것은 무엇보다도 제국 경찰의 뒷받침을 받는 농장 주인으로서 누리는 권력과 위신이기 때문이다. 까미유에 대한 그녀의 사랑을, 자신과 피부색이 다른 인종의 땅에서 홀로 살아가야 하는 외로운 여인의 헛된 집착이라고 매도할 수 없을지도 모른다. 그녀의 사랑에 담긴 '우아한 진정성'을 나중에 까미유는 부정하게 되지만, 그것은 소녀가 제국의 권력에 맞서는 투사가 된 이후의 일이다.

그럼에도 불구하고 엘리안느의 헌신적 사랑은, 그 기원으로 보자면 가혹한 폭력으로 획득되고 유지되는 식민지의 사랑법이었다. 그녀는 까미유가 낳은 아이 곁에서 권총으로 자살한 쟝의 싸늘한 시체를 떠나보내면서 비로소 자신이 그 중심적인 구성원이자 표상이었던 제국주의의 무자비한 얼굴과 냉정하게 대면하게 된다.

까미유의 두 남자, 그러니까 쟝과 탄의 이야기는 제국의 중심부와 식민지, 그 대척점에 섰던 젊은 엘리트들이 어떻게 기존 세계관의 환상을 깨고 새로운 삶, 곧 반역과 해방의 경로에 동참하게 되는지를 보여주는 사례다. 외딴 섬으로 추방되면서 쟝은 이미 엘리안느에게 그녀의 삶이 착취에 불과한 것이라고 쏘아붙인다. 노예처럼 일하는 인부들이 한밤중에 고무나무 줄기를 칼로 파내고 거기에서 눈물 같은, 피 같은 즙이 통 속으로 흘러내릴 때 프랑스인 엘리안느가 누리는 부(富)도 그만큼 쌓여 가는 것이기 때문이다.

농장에서 도망치려다 잡힌 인부를 매질하는 엘리안느와 저 멀리 리비아, 고대 로마의 소금광산에서 쇠고랑을 차고 뙤약볕 아래서 혹사당하던 노예에게 채찍질을 가하던 감독관 사이에는 인간 존엄성의 유린이라는 점에서 얼마만큼 질적인 차이가 있는 것일까? 서구 제국은 지난 2000년 동안 과연 얼마나 '문명화' 한 것일까? 까미유의 연인이 되는 우연한 사건이 아니었다면, 쟝은 아마도 그러한 식민지

미모의 농장주 엘리안느가 프랑스의 식민지로 전락한 베트남 왕족의 딸 까미유를 입양하여 이 둘은 모녀관계로 맺어진다. 까미유에 대한 엘리안느의 모정은 '식민지의 사랑법'이라 할 것이다. 그 사랑은 폭력으로 획득되고 권위로 유지된다.

의 현실을 단지 '위대한 프랑스 제국'을 위해 용인하고 감시해야 할 대상으로만 간주하고 말았을 것이다.

비합법적인 지하운동가가 되는 탄의 운명은, 만약 그가 걸었던 길이 순탄하게 이어졌다면 식민지에서 출세를 노리는 쟝의 그것과 비슷한 것일 수도 있었다. 식민지 베트남에서 파리로 유학 갈 만큼 유복한 집안 출신인 그에게는 엘리트 코스가 기다리고 있었고, 식민주의자들은 자신들과 협력하여 동포들을 억압하고 기만하는 대가로 그에게 충분한 권력과 부로 축복해 주었을 것이다. 하지만, 탄은 식민지의 자식이자 '자유·평등·박애의 제국'이 만들어 낸 계몽의 산물이었다.

제국의 중심부에서 서구식 교육의 혜택을 받은 이들은 식민지에 돌아가 모범적인 통치자의 일원이 될 수도 있

〈인도차이나〉
〈영광의 날들〉
〈알제리 전투〉

115

지만, 거꾸로 '자유' 와 '인권' 과 '자결' 의 이념이 왜 식민지에는 적용되지 않느냐고 도전하는 반란자의 대열에 합류할 수도 있었다. 제국의 변방을 효율적으로 통치하기 위한 전략으로서 '교육' 은 식민지에서 뜻하지 않은 효과를 초래하는 모순적인 기획, 위험한 프로젝트이기도 했다.[1] 승승장구할 토착엘리트의 금의환향을 기대하며 그를 유학 보냈던 가문과 파리에서 그를 훈육했던 제국주의자들의 기대를 배반하고 탄은 그렇게 조국의 해방을 향한 멀고도 위험한 세계에 투신하게 된다.

형식상 혼례만 올렸을 뿐 서로 다른 삶의 길을 갔던 탄과 까미유는 그 투쟁의 도정에서 이제 지하운동의 동지로 만나게 된다. 그리고 식민지 경찰에 쫓기는 반란자-혁명가로서 엄숙한 선택의 기로에서 까미유는, 갓난 아들을 쟝에게 넘겨준 뒤 해방이 되도록 한 번도 제 자식의 얼굴을 다시 보지 못했다. 미어지는 가슴을 안고 자신의 분신 대신 알 수 없는 미래의 조국을 선택해야만 했던 이 식민지 여인의 비극적인 사랑법은, 그녀를 친딸처럼 아꼈던 엘리안느의 우아한 사랑법과 얼마나 거리가 멀었던가. 엘리안느의 포옹을 거부했을 때 까미유는 환상 속에서 아늑했던 과거와 결별하고 새로운 인생을 선택한 것이다.

1954년, 15년의 지난한 전쟁 끝에 디엔 비엔 푸에서 베트남의 지압 장군은 프랑스군을 대파했다. 그것은 1884

년 프랑스가 전통적으로 중국의 속방이던 인도차이나를 점령하여 통킹과 안남 등 베트남 남부 지역을 공식 보호령으로 선포한 지 꼬박 70년이 지난 시점이었다. 이제 식민지 문제를 더 이상 탁상공론의 대상으로 남겨둘 수 없었던 프랑스 정부는 "총리 망데스가 주도면밀하게 진행한 협상 결과 예상보다 적은 희생을 치르고 인도차이나에서 철수할 수 있었다."[2] 1870~80년대 이래 본격화된 프랑스의 동아시아 제국주의[3]가 종말을 고하는 순간이었다.

자유·평등·박애라는 위대한 프랑스혁명의 이념을 계승해 공화국을 세운 프랑스인들[4]은 그들의 식민지에 부자유·불평등·차별이라는 야만적인 체계를 세웠으나 종내는 치욕스러운 패배자로 그 땅을 떠나게 되었다. '예상보다 적은 희생'을 치르고…? 하지만, 그들이 지난 70년 동안 하루가 멀다 하고 매질하고 고문하고 총질한 베트남 인민들이 치른 희생은 그저 '예상보다 많았다'고 할 것인가. 프랑스가 자리를 비운 사이 군국주의 일본과 '자유세계의 첨병' 미국이 이 나라 인민들에게 강요한 희생의 양은 또 얼마나 되었던가?

파리와 아프리카는 행복하게 결합할 수 있었을까?

영화 〈**영광의 날들**〉(라시드 부샤렙 감독, 2006)은 또 다

2) 콜린 존스, 방문숙·이호영 옮김, 《케임브리지 프랑스사》(시공사, 2001), 333쪽

3) 프랑스가 북베트남의 중심인 하노이를 처음 점령한 것은 1873년, 청불전쟁에 승리하고 대만을 점령한 것이 1884년이었다.

4) 프랑스혁명을 중세로부터 근·현대 프랑스사의 맥락에서 살펴보고자 한다면 로저 프라이스, 김경근 옮김, 《혁명과 반동의 프랑스사》(개마고원, 2001) 참조. 프랑스사의 개설서로는 다니엘 리비에르, 최갑수 옮김, 《프랑스의 역사(개정판)》(까치, 2000) 참조.

른 대륙, 아프리카 출신 군인들이 2차 대전 기간에 프랑스의 독립을 위해 독일의 나찌군과 싸웠던 영웅적인 기록이다. 제작 당시부터 프랑스 정부의 지원을 받고 깐느 영화제 남우주연상(자멜 드부즈 외) 수상작으로 선정된 이 작품은 프랑스인들이 보기에는 참으로 감동적인 이야기라고 할 만하다.

한 번도 프랑스 땅을 밟아보지 못한, 아니 제 고향을 떠나보지도 못했던 23만 3000명의 북아프리카 젊은이들이 단지 프랑스의 식민지민들이었다는 이유로 백인들의 전쟁에 동원되었다. 전장에서 온갖 인종차별을 감수하면서도 사선을 넘어 프랑스의 해방에 기여한 그 식민지의 자식들은 억압적 지배자들이 사는 나라를 향해 '내가 해방시켰으니 내 조국' 이라고 선언한다. '전장에서 꽃핀 자유와 평등과 우애의 공화국!' 이 어찌 눈물 없이 볼 수 있을 것인가? 프랑스인들의 눈에는 그 장면이 아마 '위대한 프랑스 공화국을 위해 만국의 식민지인들이 단결' 한 것처럼 보였을 지도 모른다. 그동안 프랑스 정부가 1952~59년, 그러니까 프랑스 제국의 식민통치 말기를 다룬 '정치적으로 불편한' 영화들을 무려 105편이나 상영 금지했다는 사실을 상기하면, 이 영화가 프랑스인들에게 준 뿌듯한 자부심을 우회적으로나마 이해할 수 있게 된다.

무릇 인간의 역사에서 모든 정치투쟁은 그만한 대가

23만 명의 북아프리카 젊은이들이 단지 프랑스에 살고 있다는 이유만으로 백인들의 전쟁에 동원됐다. 그들은 '조국 프랑스'를 야만의 파시즘으로부터 원하는데 기여했으나 경멸당했다. 이러한 현실 앞에서 아프리카 남자와 프랑스 여자의 사랑은 조롱거리가 될 뿐이다.

를 치르게 된다. 사이드와 마르티네즈, 야시르와 메사우드 등 식민지 청춘들이 그저 파리에 대한 낭만적 동경이나 '자유를 위해 함께 싸우자' 던 레지스땅스 지도자 드골의 호소에 감성적으로 동조했던 것만은 아니다. 그들은 목숨을 걸고 소나기처럼 퍼붓는 총탄 사이를 헤쳐 나가 결국은 알사스-로렌을 해방시키고 '조국 프랑스' 를 야만의 파시즘으로부터 구원하는데 기여했다.

그들은 앙시앵 레짐으로부터 인민의 해방과 공화국의 자유를 뜻했던 푸르고 희고 붉은 삼색 깃발 아래서, 프랑스 본토인들과 같은 색깔의 제복을 입고, 같은 적과 대면하여, 같은 총으로 싸웠다. 하지만 '더러운 아랍놈들!' 이라 경멸당하는 가난하고 열등한 식민지의 자식들에게는 배식 시간에 토마토 한 개도 동등하게 주어지지 않았다. 그들이 가족에게, 연인에게 쓰고 받은 편지는 모조리 검열당하고 배달되지 않았다. 전공(戰功)을 세워도 진급에서는 차례가 돌아오지 않았다. 그것이 식민지 군대의 본질이라는 사실을, 그들은 거듭하여 온몸으로 체험함으로써만 깨달을 수 있었다.

처음 밟아보는 '모국 땅'의 해방을 위해 투신한, '정치적으로 훌륭한' 아프리카 남자 메사우드와 춤을 추고 사랑을 나눈 프랑스 여자 이레네는 다음날 아침 골목으로 사라지는 그에게 창문 밖으로 얼굴을 내밀어 '당신을 기다리겠다'고 말한다. 자신의 고향에서는 감히 프랑스 여자와 같이 다닐 수도 없었던 그 남자는 벅찬 가슴으로 '돌아오겠다'고 약속한다. 하지만 전선에서 쓰는 메사우드의 안타까운 연서(戀書)는 검열관들의 조롱거리가 될 뿐이다. 그리고 1945년 1월 15일, 메사우드는 '자유를 위해' 죽은 자들의 묘비명에 이름을 남긴다. 그로부터 60년 뒤, 살아남은 그의 동료가 이제는 백발노인이 되어 버린 자신의 존재만큼이나 쓸쓸한 묘지를 허허롭게 바라본다.

이레네와 메사우드의 하룻밤 사랑이 기약했던, 파리와 아프리카의 행복한 결합의 꿈, 백인과 흑인의 사랑의 공동체는 어디로 갔을까. 하지만 그것은 제국주의자들의 야심과는 거리가 먼 것이었다. 아니, 식민지에서는 금기의 대상이었다. 지배자와 피지배자는 피부색과 지능, 문화 수준,

생활양식 등 모든 면에서 질적인 차이가 있어서 '같은 시민'으로 분류될 수 없었다. 그들은 서로 다른 세상에서 살았다. 유럽인과 아프리카인이 사는 구역을 가르는 물리적인 경계보다 그 심리적 간극은 훨씬 더 높고 더 길고 더 깊었다.

이 영화의 시사회에는 자크 시라크 당시 프랑스 대통령이 참석했다. 그리고 1959년 이래 이들 북아프리카 식민지 출신 퇴역군인들에게 연금 지급을 중단했던 프랑스 정부는 2006년 9월, 2차 대전 전투에 참가했던 북아프리카 출신 8만 명에게 프랑스 군인들과 같은 사회적 혜택을 주게 될 법안을 발표했다고 한다. 영화는 소기의 정치적 목적을 달성하고 프랑스인들은 자신들의 '똘레랑스'를 다시 한 번 과시할 수 있는 기회를 가지게 된 셈이다. 그렇게 '영광의 날들'은 모두에게 승리를 안겨준 것일까? 여기 여지없이 그것을 반박하는 또 한편의 영화가 있다.

알제리를 통해 드러난 프랑스의 두 얼굴

〈알제리 전투〉(질로 폰테 코르보 감독, 1966)는 프랑스인들에게는 너무나 불편한 역사적 진실을 뼈아프게 증언하는 다큐멘터리라고 할 수 있다. 아니, 이 영화에서는 단 한 컷도 실제 사진이나 뉴스 화면이 활용되지 않았다. 그럼에도 불구하고 이 영화를 우리가 '다큐멘터리'라고 말할 수 있는 것은, 1954~62년 사이에 벌어진 알제리-프랑스 전쟁을 사건의 전개 순서에 따라 알제리인들의 시각에서 냉정하게 포착하고 있기 때문이다.

이 영화는 2차 대전 기간에 목숨 바쳐 싸운 북아프리카인들이 '내 조국'이라 선언했던 바로 그 프랑스가 '내 동포'인 알제리인들을 어떻게 섬멸하려 했는지, 흑백 톤으로 담담하게, 그러나 선연하게 보여주고 있다. 이 영화는 앞서 본 〈영광의 날들〉처럼 포탄이 쏟아지는 전장에서 제국주의자들과 식민지인들이 공화국의 깃발 아래 하나가 된다는, 화해와 똘레랑스를 섣불리 말하고 있지 않다. 대신 완전히 거꾸로 두 세계 사이에 놓여 있는 극도의 적의와 증오, 수단과 방법을 가리지 않는, 피도 눈물도 없는 파괴와 학살 작전을 다루고 있다.

두 영화 모두 전쟁에 휘말린 인간들의 열정과 이념과 음모와 고통에 관한 이야기이지만, 〈영광의 날들〉이 공화정과 파시즘 간의 투쟁을 전선으로 하고 있다면, 〈알제리 전투〉는 식민주의자와 민족해방운동가들 사이에 마주한 전선의 대치라는 점에서 차이가 있다. 이처럼 서로 다른 전선의 차이로 말미암아 두 영화에서 묘사되는 장면과 메시지는 아주 다른 것이 될 수밖에 없다. 공화정-파시즘 간의 전쟁에서 전자는 승패를 떠나 이미 도덕적 우월성을 부여받은 선

프랑스가 2차 대전 이후 북아프리카 알제리인들을 어떻게 섬멸하려 했는지 보여주는 영화 〈알제리 전투〉는 프랑스 제국주의가 갖고 있는 이념과 실제의 간극을 극명하게 보여준다. 1962년 마침내 알제리는 프랑스제국에 정복당한지 무려 132년 만에 해방의 순간을 맞았다.

험적 승리자요, 프랑스 출신이건 알제리 출신이건 그들이 삼색기 아래서 함께 전장을 누볐다면 위대한 이념의 동지, 조국해방의 동지가 된다. 그들 내부의 갈등과 알력은, 그것이 여러 장면을 차지하더라도 결국 에피소드의 지위를 벗어나기 어렵다. 종국에는 공화국의 위대한 승리를 자축하며 함께 어깨 겯고 만세를 불러야 하기 때문이다.

하지만 식민지의 현지 통치자들과 억압받는 인민들 사이에서 날마다 날카로운 금속성 비명이 진동하는 전선에서 어제의 동지들은 상대를 극복하지 않으면 안 되는 무자비한 적대자가 된다. 그들이 굳은 얼굴로라도 악수를 하게 되는 것은 제국주의의 심장부에서 최종적으로 자신들의 패퇴를 인정하고 어제의 '신민들' 과 같은 탁자에서 철수 조건을 확정하는 협상에 임할 때라야만 가능하다. 그리고 알제인들에게 그 순간은 1962년 봄, 프랑스 제국주의자들에게 정복당한 지 무려 132년 만에야 찾아왔다.

1966년 베니스영화제 그랑프리 작품이자 '1960년대 가장 폭발적인 영화'인 〈알제리 전투〉는 2004년에야 비로소 프랑스 극장에서 상영되었다. "나는 언제나 삶의 가장 힘든 시기에 직면한 인간을 보고 싶다"고 했던, 카메라를 든 전사 질로 폰테코르보 감독은 그렇게 프랑스인들을 정치적으로 힘들게 했다. 그 자신 프랑스로 망명한 이탈리아계 유대인으로서 레지스땅스 유격대에 참여했던 감독은 압제에 저항하는 인간들의 짓밟을 수 없는 열망과 고통을 그리고자 했으며, 그리하여 '세르게이 에이젠쉬타인 이래 가장 강렬한 혁명 서사시'를 완성했다.

그는 이 영화를 통해 근대 프랑스의 두 얼굴을 선명하게 부조하고 있다. 이미 사이공을 통해 그 정체를 알아버렸던 우리는, 다시 한 번 알제리라는 거울을 통해 프랑스 제국주의만큼 이념과 실제의 간극을 극명하게 보여준 사례도 없을 것이라는 생각에 이르게 된다. '공화국과 제국주의!' '본국을 향한 자유의 얼굴과 식민지를 향한 전제의 얼굴!' 식민지인들에게는 참을 수 없는 모순이지만, 제국주의자들에게는 너무나 자연스러운 이 절묘한 결합을 어떻게 설명할 것인가.

다른 모든 근대 유럽 제국들과 마찬가지로 프랑스 식

민지에서도 자유주의는 인종분리 정책 및 피부색에 따른 차별 정책과 공존했다. 이미 1919년, 알제리 노동자 수만 명을 '동화가 불가능한 부류들'로 분류해서 추방해버린 프랑스에서 식민지 출신 원주민에게 시민권은 권리가 아니라 '오직 줄 만한 가치가 있다고 판단된 사람들에게만' 국가가 내리는 특전으로 인식되었다.[5]

1925년 앤틸리스의 프랑스령 마르티니크 섬에서 태어난 프랑스인 정신과 의사이자 혁명운동가였던 프란츠 파농은 서구 제국의 자유주의와 그것이 음험하게 품고 있는 폭력성을 끊임없이 고발했던 사람이다. 1957년 알제리민족해방전선(FLN)의 주도로 총파업이 진행될 때 블리다의 주임의사 자리를 내던진 파농은 '비인간화가 체계화된 나라, 인권의 불인정과 살인이 입법의 원리로 받아들여지는 나라, 토착민이 자기 자신의 땅에서 소외되어 완전히 비인격화된 채로 살아가는 나라'에서 환자 개개인에 대한 치유의 한계를 절감하고 이제 스스로 총을 들어 식민지 체계 자체에 대한 정치적-문화적 치유를 결심했다. 그가 보기에 식민주의 체제는 스스로를 유지하기 위해 억압과 처형과 고문을 필요로 한다.

고문 행위 자체가 식민지법률의 일부라는 사실을 강조한 그는 "알제리에 있는 프랑스인들은 누구나 고문자로 행동한다. 식민지배 구조가 유지되려면 고문과 강간과

6) 알리스 셰르키, 이세욱 옮김, 《프란츠 파농》(실천문학사, 2002), 231~232쪽, 275~277쪽

7) 같은 책, "역자의 말", 23쪽

학살이 불가피하다. 알제리 민중은 그 사실을 모르지 않는다"고 지적했다.[6] 그러나 〈알제리 전투〉가 베니스영화제 수상작으로 호명되었을 때 그 자리에 있던 프랑스인들은 퇴장했다. 그것이 에피소드였다면 또 하나의 사건이 있다.

1957년 알제리에서 프랑스 정보부 책임자로 활동했던 폴 오사레스 장군이 2001년 5월 회고록을 출간, 자신이 고문기술자였으며 FLN 지도자 벤 므히디와 변호사 부멘젤을 살해했다고 인정했다. 이에 대해 일부 양심적인 프랑스인들이 조사위원회 설치를 요구하자 사회당 정부의 리오넬 조스팽 총리는 그들의 요구를 이해한다면서도 알제리 전쟁은 '집단적 통회의 기도' 대상이 아니라 역사학자들의 '진실을 밝히는 연구 작업' 의 대상이라고 말했다. 우파인 자크 시라크 대통령은 양쪽 다 책임이 있다는 식으로 양비론을 들고 나왔다.

나치 부역자들에 대해서는 공소시효를 두지 않고 엄정하게 과거청산을 행하는 프랑스인들이지만, 자신들이 식민지 민중을 상대로 저지른 추악한 전쟁과 반인륜적 범죄는 서둘러 역사 속에 묻어두고 싶어 하는 것이다.[7]

기원전	51년	로마군, 갈리아 완전 평정
	43년	갈리아의 수도인 리옹 건설됨
	12년~	갈리아의 모든 속주도시들, 리옹에서 매년 연방회의 구성
기원후	48년	갈리아 출신 로마황제 클라우디우스, 원로원을 갈리아 특권계급에 개방
	68~70년	트레베리족과 링고네스족의 반란
	166년	게르만족, 로마방어선 돌파 침입 시작
	260~74년	갈리아인의 로마제국
	4세기	기독교 확산
	425년	아틸라의 훈족, 갈리아 침입
	453년	로마 지배의 갈리아 해체
	486년	프랑크족 클로비스, 갈리아의 로마 최후 군사 격퇴
	1180~1328년	카페왕조의 번영
	1328~1453년	시련기
	1453~1515년	부흥기
	1515~47년	프랑수아 1세 치세(르네상스기)
	1572년 8월 24일	성 바돌로매 축일 학살 사건
	1589~1610년	앙리 4세와 왕국의 재건
	1635~43년	에스파냐와 전쟁, 승리
	1664년	동인도회사 설립
	1682년	라살, 아메리카에서 루이지애나 식민지 건설
	1685년	흑인법전(또는 식민법령집)
	1688~97년	아우구스부르크 동맹 전쟁
	1702~13년	에스파냐 왕위계승 전쟁
	1709년	140만 명, 추위와 배고픔으로 죽음
	1715~17	조세 수입 탕진
	1756~63	7년 전쟁, 북아메리카 상실
	18세기 중반	계몽사상의 시기(몽테스키외, 볼테르, 루소, 디드로 등)
	1775년	미국 독립전쟁 지원, 국내 재정위기 가속화
	1789년	프랑스혁명
	1792년	오스트리아의 프란츠 요제프 황제에게 선전포고 국민공회, 군주제 폐지, 공화정 선포

〈인도차이나〉
〈영광의 날들〉
〈알제리 전투〉

1798년	나폴레옹의 이집트 원정, 맘루크 군대 괴멸
1799년	나폴레옹 보나파르트 쿠데타(통령정부–제1제정)
1812년	러시아 침공, 패배
1814년	나폴레옹 항복, 러시아 주도 동맹군 빠리 입성
1815~48	복고왕정
1830년	북아프리카 알제리 점령
1847년	알제리 정복
1848~51년	제2공화정
1851~70년	제2제정
1871년	빠리 꼼뮌, 독일에게 알자스–로렌 일부 빼앗김
1870~1914년	제3공화정
1880년대	콩고, 니제르, 튀니지, 통킹 정복
1890년	인도차이나, 마다카스카르 정복, 북아프리카 일부 지배
1893~94년	식민지군, 식민부 창설
1898년	파쇼다 사건(아프리카에서 영국과 식민지 쟁탈전)
1914~18년	유럽(1차) 대전
1936~38년	인민전선(급진당, 통합사회당, 공산당의 반파시즘 선거 연합)
1940~44년	독일 파시스트에 협력한 비시정권
1944년	노르망디 상륙작전, 레지스땅스 지도자 드골, 빠리 입성
1946~58년	제4공화정
1946~54년	인도차이나 전쟁, 패배
1954~62년	알제리 전쟁
1956년	모로코, 튀니지 독립

6장

혁명과 전쟁의 소용돌이, 제정러시아

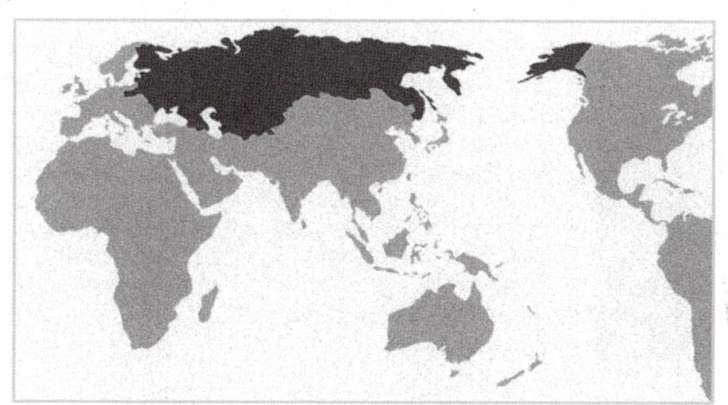

전쟁과 평화 Voyna I Mir ' **세르게이 본다르추크** 감독, 1965

19세기 초. 프랑스의 공격을 받게 된 제정 러시아의 삐에르는 나폴레옹의 열렬한 숭배자이다. 그는 아름다운 나타샤를 사랑하지만 자신의 많은 재산을 탐낸 크라킨 공작의 딸과 결혼하게 된다. 한편 나타샤의 오빠 니콜라이는 전장을 버텨내지 못한 채 도망쳐 오고, 안드레이는 전쟁의 참혹상을 목격하고 돌아온 후, 지금껏 괴롭혔던 아내 리제의 죽음으로 자신과 인생에 대한 환멸감으로 고통스러워 한다. 크라킨에 의해 억지로 해야만 했던 결혼에 실패한 삐에르는 전쟁이 얼마나 가혹한 비극인지 깨닫고 나서 나폴레옹을 숭배했던 지난날을 후회하게 된다. 포로였다가 감옥에서 실신한 프라톤을 만난 삐에르는 진정한 인생의 의미를 깨닫는다. 마침내 쿠투조프의 초토 퇴각 작전이 성공하고 프랑스군은 패전해 잔당들만 빠리로 돌아간다. 전쟁의 치열함 속에서 기적적으로 살아남은 삐에르는 회복을 꿈꾸는 거리에서 자신을 기다리는 나타샤를 다시 만나게 된다.

러브 오브 시베리아 Sibirskij Tsiryulnik ' **니키타 미할코프** 감독, 1998

모스크바로 향하는 기차에서 사관생도 안드레이 톨스토이는 객실에 있던 미국 여성 제인 칼라한에게 첫눈에 반하고, 제인 역시 순수한 매력을 가진 안드레이에게 이끌린다. 하지만 제인은 정략적인 술수에 의해 이용되고 있는 여인이었다. 그녀가 노리고 있는 자는 사관학교의 교장이며 러시아 황제의 오른팔인 레들로프 장군. 그를 유혹해 맥클레컨이라는 발명가가 개발 중인 벌목기를 러시아 정부에 납품시키는 것이 목적이었다. 제인은 레들로프를 유혹하는 데 성공했지만, 정작 자신은 안드레이에게 마음을 빼앗기고 만다. 사관학교 졸업식 날, 안드레이는 스스로의 마음을 주체하지 못하고 제인에게 사랑을 고백한다. 안드레이는 졸업 공연 도중 제인과 앉아 있는 레들로프 장군을 바이올린 활로 내리쳐 황제 피살혐의로 투옥된다. 긴 세월이 지나고 제인은 안드레이의 집에 갔다가 눈물을 머금으며 돌아온다. 안드레이는 그녀가 떠나는 모습을 지켜보지만 붙잡지 않는다.

제독의 연인 The Admiral ' **안드레이 크라프추크** 감독, 2008

전투에서 대승을 거두고 영웅의 대접을 받으며 돌아온 최고의 함장 콜착. 승전을 기념하는 파티가 열리던 밤, 콜착은 아름다운 여인 안나를 만나게 되고 두 사람은 곧 사랑에 빠진다. 그러나 양쪽 모두 아내와 남편이 있는 사람이었기에 그 사랑은 절대 알려져서는 안 될 불륜이었다. 사랑하기 시작한지 얼마 되지 않아 제국은 혁명의 불길에 휩싸이고 지난날의 전력으로 제독의 자리에 오른 콜착은 군인으로서 감당해야 하는 명예와 의를 위해 안나 곁을 떠나게 된다. 사랑하는 여인을 지켜내기 위해 그녀를 모른 척 할 수밖에 없는 콜착. 안나는 답장이 불확실한 편지를 써가며 그에 대한 사랑을 지켜가지만, 기다리다 못해 결국 자신도 전장에 참여하기로 결심한다. 그녀가 선택한 것은 간호병. 콜착 몰래 참전한 그녀는 먼 곳에서나마 사랑하는 연인을 바라보며 부상병들을 돌보기 시작한다. 그러나 콜착은 반란군에 의해 총살당한다.

여전히 성찰 없는 '애국주의'의 재현

〈전쟁과 평화〉

〈러브 오브 시베리아〉

〈제독의 연인〉

제정러시아는 19세기 초반 '빈 회의'(1814~15)를 주도하며 유럽의 모든 혁명세력을 탄압하기 위한 반동적인 신성동맹(Holy Alliance)을 제창했다. 하지만 알렉산드르 1세와 러시아의 영광은 그리 오래 가지 못했다. 미국의 독립과 프랑스혁명 이후 자유주의와 공화국의 이념이 확산되는 가운데 새로운 사회계급으로 부상하는 노동자들의 목소리가 19세기 전반기 유럽 곳곳에 메아리 쳤다. 러시아 안에서는 알렉산드르 1세를 이은 니꼴라이 1세가 악명 높은 반동정치를 통해 농노제의 철폐와 입헌군주제를 요구하는 불온한 자유주의사상을 탄압하고 있었지만, 그것은 향후 러시아에서 폭발적인 유혈 혁명 사태를 예비하는 것이었다.

1) 레프 톨스토이, 류필하 옮김, 《전쟁과 평화 1》(이 룸, 2001), 109쪽

백작의 딸 나타샤, 열 세 살의 말괄량이가 어떻게 세기의 혁명과 황제들의 전쟁, 그리고 전제군주가 지배하는 조국의 운명을 이해할 수 있었겠는가? 지체 높은 귀족 가문에서 구김살 없이 자란 그녀는 너무나 유쾌하고 발랄하여, 허례허식이 마치 자신들의 신분상 우월성을 드러내주는 표지인 양 격식 따지기를 좋아하는 집안 분위기를 전혀 아랑곳하지 않았다. 벌써 '악의 없이 사람을 속이려고 재빨리 거짓말을 둘러대는 여자들의 재능을 맘껏 발휘' 할 줄 알게 된 그녀는, '검은 눈에 입이 큰 계집아이로, 돌돌 말려 뒤로 늘어뜨린 검은 머리, 화사하게 드러난 두 팔, 레이스 달린 속바지에 발등이 드러난 단화를 신은 조그만 발을 가진, 이제 어린 아이는 아니지만, 아직 처녀로 자라지도 않은, 그런 사랑스런 나이에'[1] 이르렀다.

1805년, 프랑스혁명이 엎치락덮치락 하는 와중에 일개 중위로부터 일약 황제의 지위를 칭하게 된 풍운아 나폴레옹이 정복전쟁을 벌여 영국을 제외한 전 유럽을 석권하고 있을 때였다. 수백 년 동안 머리를 조아리던 아랫것들이 들고일어난 불쾌한 혁명의 불길이 더 이상 자기 나라에 옮겨 붙지 않기를 바랐던 제정러시아는 또 다른 보수반동의 아성 오스트리아를 도와 반혁명전쟁에 가담하게 된다. 그리고 이제 갓 이십대의 청춘을 구가하던, 철모르는 귀족의 아들들은 19세기 초반 무려 7년을 끌게 되는 '조국전쟁'의

전선에 뛰어들게 된다.

이 파란만장한 세상에서 모스크바가 다 알아주는 부잣집 로스토프 가문의 둘째딸 나타샤는 어린 나이에도 불구하고, 아니 아마도 그처럼 어린 나이였기 때문에, 포성이 난무하는 전선이 아니라 우아한 귀족의 저택에서 '사랑과 전쟁'의 우여곡절을 겪게 된다.

포성이 난무하는 시절의 '사랑과 전쟁'

남부러울 것 없이 사랑스럽게 자란 순진한 아가씨에게 아프로디테는 가혹한 시련을 안겨주었다. 그녀는 처음에 안나 미하일로브나의 아들이자 오빠의 친구인 보리스와, 나중엔 상처(喪妻)한 젊은 안드레이 발꼰스키 공작과 사랑에 빠졌다가 거푸 쓴잔을 마셨다. 그리고, 길고 긴 전쟁의 막바지에 이르러서야 자신의 후견인이자 상심한 그녀를 오랫동안 순정으로 돌봐준 삐에르의 사랑을 받아들여 마침내 그의 아내가 된다.

무려 4만 명의 농노를 거느린 베주호프 백작의 서자(庶子)로 태어나 어린 시절을 파리에서 보내고 돌아온 삐에르는 젊은 날 그의 재산을 보고 결혼한 엘렌과 헤어지고 신실한 프리메이슨(자유석공회) 회원이 되었다. 그러나 자신의 영웅이었던 나폴레옹이 모스크바를 향해 다가오자 귀족의 신분으로 자진해 러시아 군대를 모집하고 전선에 나갔던 평범치 않은 이력의 인물이었다. 이처럼 줄곧 관객들의 시선을 끄는 매혹적인 나타샤와 둔중한 진정성의 소유자인 삐에르라는 두 남녀의 이성 관계를 주축으로 놓고 본다면, 이 영화는 유혈이 낭자한 전장이 아니라 하릴없는 귀족들의 허영심으로 가득한 만찬과 화려한 무도회로 밤을 지새우는 도시의 저택에서 벌어지는 한 편의 멜로드라마로 여겨질지도 모른다.

소련 영화사에 굵은 발자국을 남긴 세르게이 본다르추크 감독이 만든 **〈전쟁과 평화〉**(1965)는 러시아의 문호 레프 톨스토이의 장편소설(1866~69)을 화면에 옮긴 역작으로 총 상영시간이 무려 7~8시간[2]에 달하는 4부작이다. 영화는 상류계층의 생활상을 중심으로 19세기 초반 유럽의 정세와 러시아 사회를 압축해 놓은 원작 소설을 충실하게 재현하고 있다.

1805~1812년에 이르는 프랑스와 러시아 사이 전쟁의 전개과정을 시간의 흐름에 따라 배치하고, 소설의 주요 등장인물들과 당대의 풍속을 거의 그대로 보여주고 있는 점이 그렇다. 물론 나타샤(류드밀라 사벨리에바 분)와 삐에르(세르게이 본다르추크 분)의 역할을 도드라지게 보여주는 연출은 다분히 1960년대 중반 이미 영화라는 대중예술 장르에 익숙한 사회주의 인민-관객들의 정서에 부응하고자 한

전략이었을 것이다. 덕분에 이 영화는 포성이 난무하고 몇 몇 영웅호걸들의 눈부신 활약상만 부각되는 뻔한 전쟁물이나 지루한 영상연대기를 훨씬 뛰어넘는 사회드라마가 될 수 있었다. 그리고 그것은 톨스토이 자신이 의도했던 바에 부합한다고 할 수 있을 것이다.

영화의 주인공 중 한 명인 안드레이 발꼰스키는 톨스토이의 외가 쪽 친척뻘 되는 사람으로 알려진다. 그는 1825년 12월 14일, 니꼴라이 1세의 황제즉위식 날 봉기를 일으키려고 음모했다가 발각되어 시베리아 유형에 처해진 자유주의 성향 귀족들의 비밀결사인 제까브리스트(12월 당원)[3] 지도자 중 한 명이었다. 그의 흔적은 지금도 시베리아에 위치한 유럽식 도시 이르쿠츠크에서 살던 발꼰스키 저택(현재는 박물관)으로 남아 있다. 19세기 후반에 본격적인 작품 활동을 한 작가 톨스토이는 바로 이 인물에 관한 남다른 관심에서 출발해 자신이 참여했던 카프카즈 전쟁 경험을 세부묘사로 십분 살리면서 반세기 전 러시아 귀족들과 인민의 실상을 애국주의적으로 묘사하고 있는 것이다.

하지만 톨스토이의 애국주의적 정서는 보수반동적인 국가주의와는 다른, 외세의 침략에 저항해 결사적으로 조국을 방어했던 농민들과 그 농민들이 보여준 순수한 애국심의 가치를 인정할 줄 알았던 젊은 장교들에게 우호적인 민중지향적인 것이었다. 나타샤가 시골의 작은 영지에 살

3) 약 3000명의 군인과 동조자들이 농노제 폐지와 입헌군주제로의 전환을 요구했으나 황실근위대는 그들을 체포, 수감, 추방했다. 120명의 지도자 중 다섯 명은 처형되고 나머지는 시베리아로 유형갔다가 1856년에야 특사로 풀려났다. '제까브리스트'의 형성 과정과 그 사회문화적 의의에 관해서는 올랜도 파이지스, 채계병 옮김, 《나타샤 댄스》(이카루스 미디어, 2005), 제2장 (1812년의 아이들)에 훌륭하게 묘사되고 있다. 그리고 19세기 러시아의 역사에 관해서는 니콜라스 V. 랴쟈노프스키, 《러시아의 역사 2, 1801-1976》(까치, 1990) 참조.

영국을 제외하고 전 유럽을 석권한 나폴레옹이 러시아로 진격해 온 19세기 초반, 파란만장한 세상에서 모스크바가 다 알아주는 부잣집 로스토프 가문의 둘째딸 나타샤는 어린 나이에도 불구하고, 아니 아마도 그처럼 어린 나이였기 때문에, 포성이 난무하는 전선이 아니라 우아한 귀족의 저택에서 '사랑과 전쟁'의 우여곡절을 겪게 된다.

고 있는 은퇴한 삼촌댁에 놀러갔다가 사냥이 끝난 후 집안에서 그의 연주 분위기에 도취해 그 자리에서 러시아 농민들의 전통 민속춤을 멋들어지게 추는 장면은 톨스토이가 그렇게 갈망했던 귀족의 세계와 민중의 세계가 극적으로 만나게 되는 순간이었다.

본다르추크의 〈전쟁과 평화〉가 다른 전쟁영화와 구별되는 두드러진 차이는 이미 톨스토이의 원작에서 그렇게 묘사되듯이 전쟁 그 자체에 대한 명상이라고 할 수 있다. 영화에서, 또 소설에서, 나폴레옹은 더 이상 한 시대의 영웅이 아니며 역사가 그에게 부여한 파괴적 역할을 떠맡은 보잘것없는 존재일 뿐이다. 그것은 그가 러시아인이 아닌 프랑스인이기 때문이 아니라 수십만, 수백만의 인민을 전쟁의 구렁텅이로 밀어 넣음으로써만 자신의 능력과 헛된

6장
제정러시아

명예욕을 충족시키는 하찮은 인간에 불과하기 때문이다.

혁명의 전주곡 된 반동의 신성동맹

1812년 6월 12일, 나폴레옹은 혁명 이후 새로 조직된 약 40만 명에 이르는 공화국군대를 이끌고 러시아 영토를 침범했다가 그해 11월 말 눈보라 속에서 그 10분의 1도 못되는 병사들만 데리고 간신히 도망쳐 나오기에 이르렀다. 적군의 총탄에 맞아 죽은, 칼에 찔려 신음하다 죽은, 불타는 모스크바의 건물 연기 속에 질식한, 살을 에는 추위 속에 얼어 죽은, 부실한 다리를 건너다 강물에 떨어져 죽은, 그리고 누구도 돌보지 않는 비참한 상황에서 굶어 죽은 수십만 명의 군인들에게, 나폴레옹은 무슨 의미가 있을까.

나폴레옹과 알렉산드르 1세가 그들의 시민-신민들을 동원해 7년 동안 벌인 전쟁의 결과로 지상에 새롭게 만들어진 것은 하나도 없다. 얼핏 우리는 전생과 정치의 임중한 현실을 무시한 듯 보이는 톨스토이에게 쉽게 동의하지 못할 수도 있다. 그러나 그는 전장에서 돌진하다가 깃발을 들고 쓰러져 정신을 잃어가던 안드레이가 문득 하늘을 쳐다보며 처음으로 느낀, 반짝이는 햇살이 숲 속의 나뭇잎 사이로 퍼질 때 수백 년을 그 자리에서 버티고 있는 참나무를 보며 그 영원하고 오묘한 인생의 의미에 비춰 전쟁이란 얼마나 덧없는 짓인가를 말하고 있는 것이다.

말하자면 톨스토이는 전쟁의 포화 속에서도 '사람은 무엇으로 살아야 하는가?' 에 대한 근원적인 질문을 끝까지 놓지 않고 있는 러시아적 인간형, 그 자신 동양사상, 특히 노자의 무위론(無爲論)에 전적으로 공감했던[4], 지극히 '동양적' 러시아인의 면모를 그려내고 있는 것이다. 한쪽 눈이 멀고 말에 올라타기도 버거울 정도로 비대해 어찌 보면 참 바보스럽기까지 한 러시아군 총사령관 꾸투초프 장군을 마치 《명상록》의 저자인 5현제 시대의 로마 황제 마르쿠스 아우렐리우스처럼 병영 막사에서 인간과 제국의 운명을 고뇌하는 '전장의 철학자' 로 묘사하고 있는 장면은 그런 톨스토이의 사상을 전형적으로 드러내는 장면이라고 할 수 있을 것이다.

그러나 자신이 마지못해 총사령관으로 임명한 꾸투초프를 좋아하지 않았던 러시아의 야심만만한 젊은 황제 알렉산드르 1세는 마르쿠스 아우렐리우스가 되고 싶은 생각이 아예 없었다. 그는 1807년의 틸지트조약(the Treaty of Tilsit)에서 겉으로는 러시아의 체면을 지켰으나, 러시아의 주요 무역상대국이자 동맹자였던 영국에 대한 나폴레옹의 '대륙봉쇄령' 을 받아들일 수밖에 없는 쓰라린 패배를 감수해야 했다. 설욕을 벼르던 그는 1812년 '황금의 도시' 모스크바를 노린 정복자 나폴레옹의 오만과 꾸투초프의 노회한 지략, 그리고 러시아 민중의 희생에 힘입어 화려한 정치적 부활의 기회를 잡았다.

그리고 1813년 10월 라이프치히에서 벌어진 '열국(列國)의 전투'에서 나폴레옹에게 결정적 승리를 거두고, 1814년 3월 31일 드디어 동맹국들(영국, 오스트리아, 프러시아)의 선두에서 이클립스라는 이름의 아라비아 말을 타고 당당하게 파리의 개선문을 통과했다. 오랜 전쟁의 고통으로부터 해방된 프랑스인들은 '유럽의 구세주'로 그를 환영했고, 런던으로 건너가자 더 큰 환호와 아첨이 그를 기다리고 있었다.[5]

이제 자타가 공인하는 새로운 강대국으로 떠오른 제정러시아는 1814년 9월~1815년 6월까지 오스트리아에서 열린 '빈 회의'를 주도하며 유럽의 모든 혁명세력을 탄압하기 위한 반동적인 신성동맹(Holy Alliance)을 제창했다. 하지만 알렉산드르 1세와 러시아의 영광은 그리 오래 가지 못했다. 미국의 독립과 프랑스혁명 이후 자유주의와 공화국의 이념이 확산되는 가운데 새로운 사회계급으로 부상하는 노동자들의 목소리가 19세기 전반기 유럽 곳곳에 메아리쳤다.

1830년과 1848년의 혁명, 그리고 1871년의 파리꼬뮌에 이르기까지 사태는 보수적인 황제가 전횡하는 지배체제에 매우 불리하게 돌아가고 있었다. 러시아 안에서는 알렉

5) 타임라이프북스, 김한영 옮김, 《전쟁과 평화: 제정러시아, AD1696~1917》 (가람기획, 2005), 70쪽

산드르 1세를 이은 니꼴라이 1세가 악명 높은 반동정치를 통해 농노제의 철폐와 입헌군주제를 요구하는 불온한 자유주의사상을 탄압하고 있었지만, 그것은 향후 러시아에서 폭발적인 유혈사태를 예비하는 것이었다.

멜로 속에 끼어든 '위대한' 조국의 과거

몇 번의 엇갈림 끝에 전쟁의 막바지에 나타샤와 삐에르의 사랑은 결실을 맺었다. 그들은 각자 전에 만났던 인연으로부터 깊은 마음의 상처를 입었으나, 오랫동안 품어왔던 서로에 대한 연민의 감정을 바탕으로 상처를 치유하고 남은 생의 동반자가 되기로 한 것이다. 양쪽 모두 백작의 집안이라 그들에게는 이제 어떤 방해자도 장애물도 남아 있지 않았다.

하지만 그로부터 거의 한 세기가 지나서도 신분상 차이 때문에 연모하는 남자에게 다가가지 못하고 갑자기 나타난 외국 여자에게 응당 자신이 있어야 할 자리를 빼앗겨야만 했던 한 여자가 있었다. 그녀의 이름은 두냐샤, 너무나 멋진 도련님은 안드레이, 그리고 피할 수 없었던 이방인 연적(戀敵)은 제인이었다. 제인을 좋아하는 어수룩한 장군에 대한 질투심으로 사관생도들의 오페라 공연 도중 그를 해치려고 덮쳤다가 유형수로 전락한 안드레이를 따라 그

머나먼 시베리아 땅으로 가게 된 것을 두냐샤는 자신의 거부할 수 없는 숙명이라 여겼다. 그리고 이제 그녀는 하녀이자 아내이자 심연 같은 그의 고독을 말없이 위무해주는 유일한 벗이며, 천성이 그를 닮은 두 아이의 엄마가 되어 있었다.

그런데 홀연, 이십 년 전에 사라졌던 제인이 귀부인 마차를 타고 시베리아의 두메산골에 찾아든 것이다. 향수에 젖은 미국 여자 제인은 '안드레이 톨스토이, 이발사'라는 목조 문패를 손으로 쓰다듬으며 그만 환희와 두려움에 온 몸을 떨었다. 얄궂은 운명은 이렇게 되풀이되는가. 두 여인은 헛간의 낡은 문짝을 사이에 두고 최후의 일전을 치르게 되었다. 두냐샤에게는 이제는 애써 덮고 살아가는 뻬쩨르부르그 시절 악몽의 재현이었다. 백주에 시베리아의 숲 속에 칠흑 같은 적막이 흘렀다. 순간, 헛간에 쌓여 있던 사과 한 알이 또르륵 구르다 문간 아래서 탁, 멈췄다! 그때 제인은 모든 것을 깨달았다. 그녀의 머릿속에 찰나의 섬광이 스쳤고, 가슴속에 뜨거운 모래 바람이 일었다. 방안에서 보았던 사진이 또렷이 각인되었다. 거기, 그녀의 젊은 생의 한때 정념을 불태웠던 수려한 외모의 사관생도생이 있었다. 그리고 덧없는 세월의 흐름 속에 마모된 시베리아의 이발사와, 어떤 욕망과도 거리가 먼 자연 속에서 소박하게 살아가는 한 가족이 있었다.

6) 영화 〈러브 오브 시베리아〉에 관한 내용은 저자가 쓴 다른 책 《시베리아 예찬》(이룸, 2007)의 182~184쪽에서 따온 것이다.

돌아선 제인은 있는 힘을 다해 마차를 몰았다. 그녀는 마치 운명에 순응하는 것이 그에 저항하는 것보다 더 고통스럽다는 듯이, 자신의 가슴에 채찍을 내리쳤다. 그리고, 여인의 출현을 직감한 안드레이가 수풀처럼 우거진 수염을 휘날리며 시베리아의 언덕을 바람처럼 내달리고 있었다. 조막만한 산새가 놀라 날았다. 시베리아의 하늘은 무심히 청명했고 구름은 한가하게 흘렀다.[6]

할리우드적 영화문법을 적극 수용하는, 현대 러시아 영화계를 대표하는 감독 중 한 사람인 니키타 미할코프 감독의 **〈러브 오브 시베리아〉**(1998, 러시아어 원제는 〈시베리아의 이발사〉)는 태풍 전야의 고요처럼 겉으로는 평온해 보이지만 속으로는 이미 끓어오르고 있는 19세기 말~20세기 초반의 러시아제국을 무대로 하고 있다. 황실 사관학교생인 안드레이 톨스토이(알렉 멘쉬코프 분)와 사업차 러시아를 방문한 미국 여인 제인(줄리아 오몬드 분)이 우연히 시베리아 횡단열차 칸에서 만나 서로에게 반한 나머지 뻬쩨르부르그에서 불꽃같은 사랑을 나누는 이야기를 후일담의 형식으로 보여주는 이 영화는 전형적인 시대멜로물이다.

제52회 칸 영화제 개막작으로 선정된 이 영화는 160분간의 장대한 파노라마를 통해 제정러시아의 화려한 수도와 광활한 시베리아 숲을 배경으로 이루어질 수 없었던 두 이국 남녀의 사랑과 음모, 촉망받는 사관생도에서 하루아

침에 시베리아 유형수로 전락하는 주인공의 모험적 투기, 유형수가 된 동료에게 보여주는 친구들의 뜨거운 남성적 우정, 제인을 짝사랑했던 러시아 장군이 마슬레니차(러시아의 전통 입춘 행사)에서 술고래가 되어 펼치는 어처구니없는 행태, 그리고 한 남자를 둘러싼 두 여인의 필생의 대결 등 흥미진진한 내용들이 빠른 속도로 전개되는 로맨스물이지만, 동시에 매우 정치적인 작품이기도 하다.

이 영화가 제작될 당시 러시아 정부는, 마치 소련 시대에 '모스필름'이나 '렌필름'을 통해 만들어진 영화들에 대해서처럼, 적극적인 후원을 아끼지 않았으며 대통령궁인 크렘린에서 시사회를 가진 것으로 알려졌다. 소련이 무너진 뒤인 1990년대, 경제상황과 주민들의 생활수준은 급전직하 상황이고, 사회적으로는 마피아가 득세하는 등 날로

퇴보를 거듭하며 국제무대에서는 '핵무기를 가진 제3세계'라는 조롱을 받던 시기에 정부의 지원으로 제작되었다는 사실은 이 영화의 배면에 깔린 의도를 추측하기에 족하다고 할 수 있다. 땅에 떨어진 러시아의 위신을 대신하여 '위대한 조국의 과거'를 보여주는 방식으로 대중에게 위안을 주고자 한, 멜로드라마의 형식을 띤 정치영화로 해석할 수 있는 것이다.

'러시아의 영웅'으로 부활한 '소련의 반역자'

〈제독의 연인〉(안드레이 크라프추크 감독, 2008) 또한 러시아 문화부의 후원으로 십 년 뒤에 다시 만들어진 정치적 멜로영화이다. 이번에 시기적 배경은 1916~1918년, 제1차 세계대전과 러시아혁명의 한복판, 그리고 영화가 제작된 러시아의 현실은 국내외로 추락을 거듭하던 처지에서 벗어나 뿌찐 대통령의 권위주의적 통치 아래 '강한 러시아'가 추구되어 일정한 성과를 거두고 있는 상황이다. '위대한 러시아'의 재현이라는 애국주의적 구호가 영화라는 매체를 통해 표현되고 있는 것이다.

이와 관련하여 영화의 내용으로 볼 때 주목되는 것은, 과거 소련 시대에 '반혁명의 괴수'로 지목되었던 백군파 우두머리 알렉산드르 콜착(콘스탄친 카벤스키 분) 제독이 이

〈제독의 연인〉에서는 1차 세계대전과 러시아 혁명을 배경으로 알렉산드르 제독과 부하의 아내인 안나와의 사랑을 다루고 있다. 영화 개봉 당시 러시아는 추락을 거듭하던 처지에서 벗어나 뿌찐 대통령의 권위주의적 통치가 성과를 거두던 시점으로, '위대한 러시아'의 재현이라는 애국주의적 구호가 영화를 통해 표현됐다.

번에는 조국이 나락에 빠져 들어갈 때 진정한 애국심을 보여준 영웅으로 해석되고 있다는 사실이다. 러시아에서 '역사 바로 세우기'는 이미 1980년대 말 고르바초프의 페레스트로이카 시절 시작되고 소련 붕괴에 혁혁한 공을 세웠던 옐친의 집권기인 1990년대에 두드러지게 진전되었다. 그런데 소련 KGB 출신인 뿌찐 정부 아래서 '소련의 반역자가 러시아의 영웅'으로 부활하고 있다는 사실은 단순한 아이러니가 아니라 현대 러시아의 민족–국가주의를 반영하고 있는 이데올로기의 산물이라고 할 수 있다.[7]

　이 영화 또한 표면적으로는 〈닥터 지바고〉처럼 전쟁과 혁명이라는 엄혹하고도 잔인한 현실을 배경으로 하는 멜로드라마의 형식을 취하고 있다. 알렉산드르 제독과 그 부하의 아내였던 안나가 우연히 만나 서로에게 반하게 되

7) 1917년 이후 소련사에 관해서는 존 M. 톰슨, 김남섭 옮김, 《20세기 러시아 현대사》(사회평론, 2004), 그리고 고대 러시아로부터 최근까지를 망라한 개설서로는 김학준, 《러시아사(완전개정판)》(대한교과서, 2005) 참조

〈전쟁과 평화〉
〈러브 오브 시베리아〉
〈제독의 연인〉　　**145**

면서 뜨거운 열정과 고통스런 이별을 겪게 되는 안타까운 이야기 구조는 러시아 관객들의 감성을 자극하는 대중적 장치로 사용되었다. 바다와 전쟁만이 아니라 사랑을 갈구하는 한 여인까지도 품에 안는 '멋진 젊은 장군'에게 반하지 않을 사람이 얼마나 되겠는가.

하지만, 두 남녀의 주체할 수 없는 열정에 콜착 제독의 부인과 안나의 남편은 속수무책으로 희생양이 될 수밖에 없었다. 파탄 상태의 제정러시아에서 혁명이 폭발할 수밖에 없었던 정치사회적 배경이 실종된 이 영화에서 역사의 영웅은 등장하지만 그 수레바퀴 밑에서 신음했던 민중의 절규는 가려지고 있다. 20세기 초반 전쟁과 혁명의 와중에 러시아제국이 몰락한 이유를 성찰해보지 않는 21세기 러시아 애국주의는, 그 배경을 이해할 수는 있을지언정, 러시아의 장래를 위해 매우 일방적이고 위험하기까지 하다는 사실을 지적하지 않을 수 없다.

러시아제국 연표

기원전	8~3세기	스키타이족의 흑해 초원지대 지배
기원후	862년	류릭의 노브고라드 창건
	882년	끼예프공국 건설
	988년	끼예프 공후 블라지미르, 비잔티움으로부터 기독교(정교) 수용
	1240~43년	끼예프 점령과 킵차크한국(汗國) 설립 (240년에 걸친 몽골의 러시아 지배 시작)
	1328년	이반 1세, 모스크바 대공이 됨
	1371년	러시아 대공들, 몽골에 대한 조공 거부
	1480년	킵차크한국 종언, 모스크바 대공국 독립
	1547년	이반 4세, 전러시아 짜르 자칭
	1581년	농노제 강화
	1589년	러시아정교가 그리스정교로부터 독립
	1595~96년	카자흐족 반란
	1601~13년	대혼란기
	1607~12년	농민폭동, 러시아–폴란드 전쟁
	1613년	로마노프 왕조(제정러시아) 시작
	1655~58년	러시아–스웨덴 전쟁(1차 북방전쟁)
	1670~71년	스쩨빤 라친 반란
	1677~81년	러시아–오스만투르크 전쟁
	1697~98년	뾰뜨르(피터) 대제의 서유럽 여행
	1700~21년	대북방전쟁
	1703~13년	쌍뻬쩨르부르그 기공, 수도를 모스크바에서 옮김
	1716~17년	뾰뜨르 대제의 2차 유럽여행
	1772년	오스트리아 · 프로이센 · 러시아가 1차 폴란드 분할
	1773~75년	뿌카초프 반란
	1785년	귀족 특권령
	1793년	프로이센 · 러시아의 2차 폴란드 분할
	1801~10년	그루지아 병합
	1806~12년	러시아–오스만투르크 전쟁
	1807년	프랑스와 틸지트조약(나폴레옹의 대륙봉쇄령 수용)
	1809년	스웨덴으로부터 핀란드 탈취

〈전쟁과 평화〉
〈러브 오브 시베리아〉
〈제독의 연인〉 **147**

1812년	오스만투르크로부터 베사라비아 탈취
1812년 6월	나폴레옹의 러시아 침략
1812년 9~10월	모스크바 점령, 퇴각(러시아의 '조국전쟁' 승리)
1814년 3월	알렉산드르 1세, 빠리 입성
1814년 9 ~1815년 6월	빈 회의 주도, 반동적인 신성동맹 주창
1825년	제까브리스트(12월당원) 봉기, 실패(대다수 시베리아 유형)
1854~56년	영국과 벌인 크리미아전쟁에서 패배
1861년	알렉산드르 2세, 농노해방령
1864년	지방자치기구인 젬스트보 설치, 사법제도 개혁
1874년	나로드니끼(인민주의자) 운동 발생
1891년	시베리아 횡단철도(TSR) 부설 시작
1898년	플레하노프와 레닌, 러시아사회민주노동당 결성
1902년	사회혁명당 결성
1904~05년	러일전쟁 패배, 1차 러시아혁명 발발
1906년	스톨리핀의 농업개혁(농민공동체 해체와 자영농 육성)
1914년	유럽(1차) 대전 참전
1916년	시베리아 횡단철도 완공
1917년 2월	2차 혁명, 임시정부 수립
1917년 10월	3차 혁명, 소비에트 정부 수립
1919년	반혁명 연합국의 러시아 출병, 코민테른 결성
1921~27년	신경제정책
1922년	소비에트사회주의공화국연방(소련) 수립
1924년	레닌 사망, 헌법 공포
	영국 · 이탈리아 · 프랑스의 소련 승인
1929년	'대선환'(스탈린 주도, 농업십난화와 공업화 본격화)
1934년	국제연맹 가입
1939년	독일과 불가침 조약, 핀란드 침공
1940년	핀란드와 강화, 발트3국 병합, 루마니아로부터 베사라비아 획득
1941년 6월	독일 파시스트군의 소련 침공
1943년	스탈린그라드 전투(독일군 항복)
	코민테른 해산, 테헤란 회담(미 · 영 · 소)
1945년 2월	얄타회담(스탈린 · 처칠 · 루즈벨트)
1945년 5월	베를린 점령
1945년 8월	만주와 한반도 북부(북한)에서 일본군 격퇴

7장

무슬림의 최후 계승자, 오스만제국

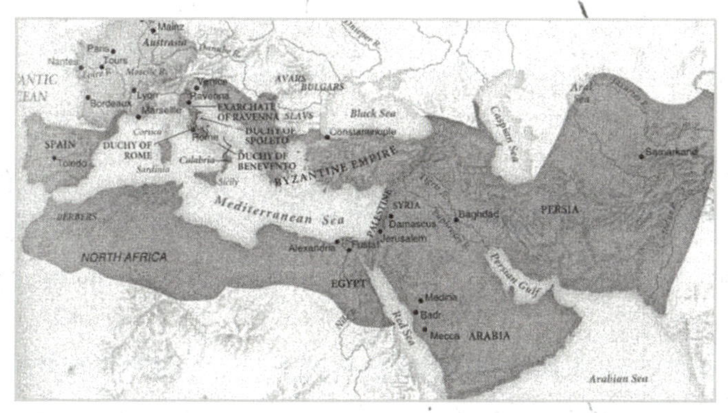

500자 영화읽기

바람과 라이언 The Wind And The Lion ' **존 밀리어스** 감독, 1975

1904년 모로코의 한 부족의 족장 술탄 라이술리는 미국인 교사 이든 부인과 그의 아이들을 납치한다. 엄격한 회교도인 라이술리는 자기 부족의 관습에 따라 이든 부인을 길들이려 하지만 그녀는 시종일관 당당하다. 그리고, 아이들도 라이술리와 잘 지낸다. 이든 부인은 탈출을 시도하다가 도적들에게 잡힐 위기에 처하지만 라이술리가 구해준다. 라이술리와 이든 부인은 함께 있는 동안 사랑하는 감정에까지 이르게 된다. 한편 미국의 루즈벨트 대통령은 이든 부인과 그의 아이들을 구하기 위해 모로코에 군대를 파견한다. 모로코 정부는 라이술리를 잡기 위한 계획을 세우고 협상을 벌인다. 결국 라이술리는 잡히고 이든 부인은 미국군의 보호를 받게 된다. 빠져나온 라이술리의 동료들은 기다리고 있던 군대와 함께 라이술리를 구하러 간다. 이든 부인도 미국인 부대원들을 설득해서 라이술리를 구하러 간다. 결국 라이술리는 이든 부인의 도움으로 구출된다.

사막의 라이언 Lion Of The Desert ' **무스타파 아카드** 감독, 1981

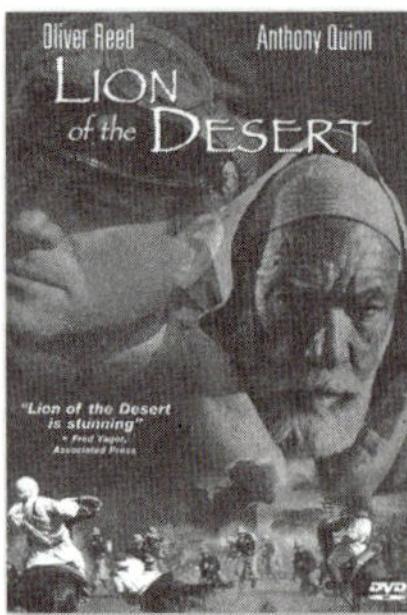

20세기 초 유럽 제국들의 침략은 아프리카까지 파고든다. 이탈리아는 1910년부터 리비아를 침공했으나 1929년까지 별다른 성과를 얻지 못하고 있었다. 그러자 이탈리아의 무솔리니는 리비아에서 강력하게 저항하는 베드윈 족을 진압하기 위해 새로운 사령관 그라치아니를 보낸다. 새 사령관은 베드윈 족 진압에 나서고, 아이든 여자든 상관없이 무자비한 양민학살을 자행한다. 베드윈 족은 전직 선생님이었던 지도자 요마르 무크타르의 탁월한 전술로 번번이 이탈리아의 현대식 군대를 격파한다. 평화를 빌미로 협상과 전쟁은 계속된다. 결국 이탈리아군은 4천여 명의 인부를 동원해 국경지대에 수백 킬로미터의 철조망을 쳐 베드윈 족의 보급을 끊는다. 그리고 5천여 명의 베드윈 족을 강제 수용하고 나서야 이탈리아군은 저항군을 진압하고 지도자 요마르 무크타르를 생포하게 된다. 요마르 무크타르는 베드윈 족들이 보는 앞에서 공개 처형된다.

아라비아의 로렌스 Lawrence Of Arabia ' **데이빗 린** 감독, 1962

영국군과 터키군이 치열하게 대결하고 있던 1918년 중동. 영국군은 터키로부터 독립하려는 아랍부족의 참전을 유도하기 위해 아랍을 잘 알고 있는 로렌스 중위를 파견한다. 로렌스는 아랍연합을 이끌어내고 그들과 함께 죽음의 네푸드 사막을 종단해 시나이 반도 남단의 아카바를 공격하는 계획을 감행한다. 사막을 종단하는 동안 많은 갈등이 생긴다. 로렌스는 낙오한 아랍병사를 구하고 그들에게 영웅으로 인정받게 된다. 아카바를 점령한 아랍연합은 영국군의 지원을 받으면서 게릴라전을 펼친다. 로렌스는 작전 중 터키군에게 체포되어 치욕적인 고문을 받는다. 로렌스와 아랍연합은 다마스커스를 점령하지만 열강들의 아랍 분할 계획이 세워지고 아랍부족들은 사분오열되어 흩어진다. 로렌스는 상부에 항의하고 아랍부족들에게도 연합할 것을 권유한다. 그러나 이미 그는 조국의 입장에선 적성분자였고, 아랍부족들에게는 배신자였다. 결국 그는 씁쓸한 심정으로 다마스커스를 떠난다.

근대화된 서구제국에 무너진 사막의 성전(聖戰)

〈바람과 라이언〉

〈사막의 라이언〉

〈아라비아의 로렌스〉

부시 미국 전대통령이 주창한 '테러와의 전쟁' 으로 대표되는 서구 기독교세력과 이슬람권의 충돌은 헌팅턴이 말한바 '문명의 충돌' 을 실증하는 것일까? 아니면 그것은 인종이나 종교 갈등의 외피 아래 정치·경제적 지배와 종속, 패권과 저항의 역사적 기원을 가진 사건이었을까? 이슬람이라는 종교는 다른 종교에 비해 유독 폭력을 선호하는가? 서구의 기독교문명과 아랍의 이슬람문명은 과연 화해가 불가능할 정도로 서로 공유할 수 있는 문화적 자원과 이해가 도무지 존재하지 않는 것일까? 우리는 이슬람세계의 역사와 그 문명사적 기여, 그리고 그들과 서구세계의 관계를 살펴봄으로써 이런 질문들에 대답할 수 있을 것이다.

1) 새뮤얼 헌팅턴, 이희재
옮김, 《문명의 충돌》(김영
사, 1997)

2차 대전 이후 세계질서를 좌우하던 미국과 소련의 각축이 끝나고 냉전 시대가 막을 내리자 낙관론자들은 서구식 민주주의의 승리를 자축하고 드디어 세계평화의 시대가 찾아올 것으로 전망하였다. 하지만 그런 기대는 곧 물거품이 되었다. 1990년대가 시작되자마자 미국을 중심으로 한 다국적군은 쿠웨이트를 침공한 이라크를 응징하기 위해 최첨단 무기로 걸프전을 벌였고, 1999년에는 나토군이 민족분쟁으로 얼룩진 유고슬라비아에 폭격을 퍼부어 수많은 민간인들을 희생자로 만들었다.

급기야 2001년 9월 11일, 전 세계는 미국 뉴욕의 세계무역센터 건물이 화염에 휩싸인 채 두 동강 나고 국방부건물인 펜타곤이 공격당하는 것을 지켜보았다. 그리고 조지 W. 부시 공화당 정권은 신속하게 '테러와의 전쟁'을 명분으로 내걸고 아프가니스탄(2001)과 이라크(2003)를 침략하였다. 사담 후세인 이라크 대통령은 붙잡혀서 처형당했고, 테러집단의 우두머리로 알려진 오사마 빈 라덴은 미국의 공적(公敵) 1호가 되었다. 미국과 이슬람세계가 전 세계를 무대로 전쟁에 돌입한 것이다. 이런 현상이야말로 헌팅턴이 말한바 '문명의 충돌'¹⁾을 실증하는 것일까?

여기 세 편의 영화는 모두 20세기 초반, 물밀듯이 쳐들어 온 서구의 팽창과 도전에 맞서 영웅적으로 항쟁했으나 패배할 수밖에 없었던 이슬람세계의 비극을 다룬 것이

7장
오스만제국

다. 정치적으로 그 치열한 전장은 15세기 중반(1453) 비잔티움 제국을 멸망시키고 융성한 오스만제국의 말기 북아프리카와 아라비아의 사막이다. 이슬람세력이 서로마제국의 멸망 이후 무려 1000년을 이어온 동방의 기독교제국을 무너뜨리고 유럽과 아시아 대륙의 중간에 위치한 콘스탄티노플(오늘날의 이스탄불)을 수도로 삼은 사건은 역사에서 중세와 근대를 가르는 중요한 분수령으로 인식되는 엄청난 사건이었다.[2]

이후 오스만제국은 아라비아 반도는 물론 지중해와 아프리카의 이집트까지 영토를 넓혀 대제국을 건설하였다. 그 제국은 이란의 사파위 왕조, 인도의 무굴제국과 함께 이슬람제국의 최후 계승자로서 16~18세기 동안에 찬란한 문명의 빛을 발했으나 이후로는 쇠퇴를 거듭하여 '유럽의 환자'라는 모멸스런 별칭으로 불리고 있었다.

'유럽의 환자', 예고된 말로

영화 〈**바람과 라이언**〉(존 밀리어스 감독, 1975)은 20세기 초 모로코를 배경으로 북아프리카까지 진출한 미국 군대와 사막의 전통을 고수하는 한 부족의 전쟁을 다룬 작품이다. 1904년 탕헤르, 원주민 기마병들이 갑자기 백인 저택에 들이닥쳐 영국인 남자와 하인을 죽이고 미국인 여자 이

2) 버나드 루이스 엮음, 김호동 옮김, 《이슬람 1400년》(까치, 2001), 403쪽.

〈바람과 라이언〉
〈사막의 라이언〉
〈아라비아의 로렌스〉 **153**

모든 서구열강이 진출해 먹잇감을 노리며 식민지 쟁탈전을 벌이는 형국에 불과 소총 몇 자루밖에 가진 것이 없는 모로코의 운명은 세찬 바람 앞에 흔들리는 나뭇가지 격이었다. 미국의 일개 대위가 술탄 왕궁을 습격하여 "당신은 이제 내 포로"라고 선언하는 것은 단지 시간 문제였을 뿐, 불과 몇 년 뒤에 이 땅에서 벌어진 대한제국의 말로와 닮은꼴이다.

든과 그녀의 아들딸을 납치해 사라진다. 납치범들의 우두머리인 베르베르족장 라이슐리(숀 코널리 분)는 모로코의 술탄인 조카를 둔 명문가 출신이다.

따라서 그가 이미 서구인들의 주구(走狗)로 전락한 조카나 동생과 달리 자신은 '이슬람의 진정한 수호자'로서 유럽과 전쟁을 벌이고 있으며, "야만인이 아니라 학자요, 인민의 지도자"라고 이든에게 말하는 것은 단순한 허풍은 아닌 셈이다. 그의 목표는 모로코 북부 영토에서 외국군대를 철수시키고 외세의 앞잡이로 사리사욕만 채우고 있는 조카를 제거하는 것.

그러나 이 소식을 전해들은 미국의 시어도어 루스벨트 대통령은 즉각 "미국인의 생명과 재산을 위협하는 어떤 위협에도 굴복하지 않을 것이며, 신속하게 정의를 실현할 것"이라고 단호한 태도를 밝힘으로써 대중의 갈채를 받는다. 스스로 진실한 제국주의자였음은 물론 노회한 정치가였던 그는 대통령 선거를 불과 한 달 앞두고 아프리카에서 터진 그 사건을 호재로 여기고 대중선동에 악용한 것이다. 엘로스톤의 대통령 전용 사냥터에서 '미국인의 힘과 지혜, 사나움과 무모함을 상징하는 회색곰'을 쏘아 죽이고 후회한다고 말하는 루즈벨트. "평생 홀로 지내는 그리즐리는 결코 정복당하지 않는 야수로서, 항상 공격 자세를 취하고" 있어서 다른 동물들에게 위압적이듯이, 미국도 바로 그런 태도를 보임으로써 "세계가 우리를 사랑하지는 않지만, 무서워한다"고, 이제 막 제국의 지위에 올라선 자의 오만을 드러낸다. 그리고 10월 29일, 탕헤르항에 미 해군이 상륙하고 이어 미국의 일개 대위가 술탄 왕궁을 습격하여 "당신은 이제 내 포로"라고 선언하는 것은 단지 시간 문제였을 뿐, 불과 몇 년 뒤에 이 땅에서 벌어진 대한제국의 말로와 닮은꼴이다.

미국은 물론 독일, 프랑스, 러시아, 스페인 등 거의 모든 서구열강이 진출해 먹잇감을 노리며 갈등하다가 필요하면 연합해 토착군주인 술탄을 위협하거나 매수하는 방식으로 식민지 쟁탈전을 벌이는 형국에 불과 소총 몇 자루밖에 가진 것이 없는 모로코의 운명은 세찬 바람 앞에 흔들리는 나뭇가지 격이었다. 이동 중에도 계속 자기 가족을 보살펴준 라이슐리의 카리스마에 반하고 그가 내세우는 명분에 동조하게 된 이든은 독일군의 포로가 된 그를 구출하려고 인질극까지 벌이게 된다.

하지만, 제국의 시민인 그녀와 반란군의 우두머리는 "언젠가 바람에 날리는 황금색 구름과 같이 될 때"가 아니면 서로 사랑할 수 없는 사이. 제국주의자인 루즈벨트가 참모들 앞에서 "모로코의 운명은 우리가 결정하며, 우리는 거기에서 뭐든지 다 취할 수 있다"고 말할 때, 라이슐리는 그에게 편지를 써서 "당신은 바람과 같아서 영원히 자기 자리를 알지 못하지만, 나는 사자와 같아서 한자리에 머물러야 한다"고 답한다.

순종하지 않는 자에게 뒤집어씌운 반역 혐의

실화를 바탕으로 만들어졌다는 영화 〈사막의 라이언〉(무스타파 아카드 감독, 1981)은 옛 로마의 영광을 되찾겠다며 리비아를 침공한 파시스트 무솔리니가 통치하는 이탈리아와 아프리카 사막 부족 사이에 벌어진 전쟁을 소재로 하고 있다. 그것은 19세기 후반부터 서구 제국주의 열강이 본격화한 아시아와 아프리카에 대한 식민지 쟁탈전의 한 부분이었으며, 이탈리아 고유의 해외 정복사업이 아니었다. 따라서 우리는 이 전쟁을 이탈리아와 리비아라는 두 나라의

아이들에게 이슬람의 지혜를 전하는 서당 훈장으로서 지략과 덕망을 겸비한 70대의 원주민 지도자 무크타르. 이탈리아 무솔리니 정권은 리비아를 아프리카의 아우슈비츠로 만들고, '식민정부에 대한 반역' 혐의로 기소한 무크타르에게는 교수형을 언도했다.

정치·경제적 갈등의 측면이 아니라 서구세력의 팽창에 대한 비서구권의 응전이라는 맥락에서 살펴볼 필요가 있는 것이다. 다만 그 전장이 이슬람권이라는 점만은 독특한 고려사항이다.

1911년, 이탈리아는 지중해를 건너 트리폴리로부터 벤가지에 이르는 리비아 도시들을 전격 점령한다. 하지만 그로부터 20년이 되도록 무려 다섯 명의 총독을 갈아 치우며 식민지 정복에 열을 올렸으나 원주민들의 완강한 저항에 부딪혀 상황은 교착상태에 빠져있다. 정복자들은 "사지처럼 왔다가 힘 빠진 염소처럼 돌아가" 제국의 확장을 갈망하는 로마의 지도자들을 분노하게 만들었다.

드디어 1929년, 파시스트의 야망을 드러내는 세계지도가 붙어 있는 집무실에서 무솔리니는 "파시즘 군대의 명

〈바람과 라이언〉
〈사막의 라이언〉
〈아라비아의 로렌스〉 **157**

예를 손상시키고 4000만 이탈리아인의 발전을 방해하는 베두인족의 우두머리 오마르 무크타르를 당장 잡아오라" 며 악명 높은 그라치아니를 새로운 총독으로 임명한다. 이렇게 무크타르(앤소니 퀸 분)와 그라치아니, 아이들에게 이슬람의 지혜를 전하는 서당 훈장으로서 지략과 덕망을 겸비한 70대의 원주민 지도자와 충성심과 야망에 불타는 잔인한 파시스트 장군 사이에 일생일대의 전쟁이 시작된다.

무크타르 부대는 아프리카 지형에 어두운 이탈리아군을 사막 깊숙이 끌어들이고는 매복 작전을 통해 모래바람 속에서 장총을 들고 전광석화처럼 반격을 가함으로써 적군의 현대식 탱크를 무용지물로 만들어버린다. 그렇게 완벽한 승리를 거두면서도 포로가 된 어린 적병(賊兵) 한 명을 죽이지 않고 찢어진 이탈리아 깃발을 그의 손에 들려 보냄으로써 '국제법을 준수하는 토착군' 이라는 노련한 심리전을 구사한다. 무장력이 열세인 전장에서 도덕적 우위를 점하는 것은 적군을 교란하고 아군의 사기를 백 배로 만드는 고수의 전략이다.

반면, 사막에서 함정에 빠져 거듭된 패배를 맛보게 된 그라치아니는 자신들이 유리하게끔 전선을 북부 산악지대로 바꿀 전략을 짜게 된다. 게릴라군의 은신처이자 병력과 식량의 보급선인 베두인족 마을들을 불태우고 주민들을 모두 철조망으로 둘러친 수용소에 몰아넣고 가둬버리는 격리 작전이 그 전초전으로 펼쳐진다.

주민들로부터 고립된 토착 기병대와 산악지대에 탱크를 투입해 추격하는 침략군의 전쟁은 치열한 공방전을 거듭하며 2년간이나 계속된다. 그 사이 이탈리아군은 엘 가리오니 족장처럼 외세에 영합하여 자신들의 안일(安逸)을 찾는 무리를 앞세워 무크타르 세력에게 투항을 권유하거나, 사실상 무조건 항복이나 다름없는 조건을 내세운 '평화회담'을 제안해 시간을 벌면서 더 많은 병력을 상륙시킨다. 자신들의 땅과 우물, 나무, 부족의 전통을 지키기 위해 저항군은 용감하고 처절하게 싸웠으나 중과부적(衆寡不敵), 패배는 예정되어 있었다.

이슬람교를 신봉하는 베두인족의 영혼을 파시스트의 철조망과 장갑차가 유린하지는 못했지만, 그들은 리비아를 아프리카의 아우슈비츠로 만들고, '식민정부에 대한 반역' 혐의로 기소한 무크타르에게는 교수형을 언도했다. 군사재판에서 이 73세 노인의 변호를 맡은 이탈리아군 론타노 대위는 "피고가 한 번도 이탈리아를 인정한 적이 없고, 이탈리아 정부로부터 아무런 도움도 받은 적이 없으므로 반역죄가 성립하지 않는다"고 하지만, 그의 '합리적인' 주장은 '권한 남용'으로 비난받을 따름이었다. 식민주의자들은 자신들의 침략 자체가 원천적으로 불법이란 사실은 외면하고, 거꾸로 정복자들에게 순종하지 않는 원주민들에게 오

3) 제1차 세계대전 때 영국과 프랑스 사이에 제정 러시아의 동의로 1916년 5월 9일에 맺어진 비밀협정. 오스만투르크 제국의 영토였던 시리아·이라크·레바논·팔레스타인을 프랑스와 영국의 관할지역으로 분할한다는 내용이다. 협정 당사자인 영국의 마크 사이크스 경과 프랑스의 조르주 피코의 이름을 따서 사이크스-피코 협정이라 부른다.

히려 '반역'의 혐의를 뒤집어씌우는 것이다. 세계의 모든 제국주의자들이 즐겨 사용하는, 법의 논리를 가장한 힘의 논리 그 자체이다.

해방군을 흉내 낸 제국주의자 로렌스의 몰락

〈아라비아의 로렌스〉(데이비드 린, 1962)는 '아랍의 해방'을 명분으로 내세운 영국과 베두인족이 한편에, 그리고 터키군과 독일군이 다른 한편에서 맞서 아라비아의 사막에서 벌인 전쟁을 다룬 영화이다. 주인공은 명백히 '시인이요, 학자요, 전술가'이자 '자아도취증 환자'였던 토마스 로렌스(피터 오툴 분)이지만, 베두인 부족을 이끌고 그가 전면에 나서는 아라비아 사막은 한 괴짜 영국인 장교의 모험적 투기장이라기보다는 냉정한 제국주의 전쟁터였다.

로렌스의 영광과 비극은 개인적 야심을 극단까지 밀어붙여 군사적 성공을 이루고는 그것을 바탕으로 자신이 주도하는 아랍국가의 창설이라는 획기적 실험을 성공할 수 있으리라고 착각한 데 있었다. 그는 군인이기에는 너무 정치적이었고, 정치인이기에는 너무 군인다웠다. '사이크스-피코 협정'[3](1916)을 통해 전쟁이 끝나면 서로 아랍을 분할통치하기로 밀약한 영국과 프랑스는 물론, 자신의 동맹자로 여긴 파이잘 왕자마저 그를 순진한 일개 장교 취급

하며 배신함으로써 로렌스는 완전히 홀로 남게 되는 것이
다. 사실 로렌스가 맛보게 된 정치적 배신은 당시 국제정치
적 상황을 고려하면 거의 피할 수 없는 것이었다.

  옥스퍼드대학 출신으로서, "음악과 문학은 물론 여러
외국어에 능통하고 박식하기" 그지없는 그는 규율과 시간
에 얽매이지 않는 자유로운 성격의 청년으로서, 도저(到底)
한 침묵과 원시적 비경을 지닌 '청정한' 사막에 매료된다.
매사를 신의 뜻이라고 둘러대는 아랍인들과 달리 로렌스는
"성해진 운명 같은 것은 없으며, 인간의시가 모든 것을 결
정한다"는 주의주의자. 그리하여 이 무모한 청년은 그때까
지 감히 아무도 상상할 수 없었던 프로젝트를 추진하는 바,
그것은 '신이 창조한 최악의 장소'라 불리는 네푸드 사막
을 건너 후방에서 터키군의 요새인 아카바를 전격 점령하

는 것이었다.

불굴의 의지로 이 작전에 성공한 로렌스는 마치 예언자 모세처럼 시나이반도를 건너 영국군 본부가 위치한 카이로에 당도한다. 이제 원주민 부족장의 의상까지 차려입은 그는 일약 사막의 영웅으로 떠오르고 "아라비아는 아랍인의 것이며, 영국은 아라비아에 정치적 욕심이 없다"는 알렌비 장군의 말을 진심으로 믿게 된다. 일개 중위에서 소령, 곧이어 대령으로 고속 승진한 그는 자신이야말로 사막처럼 '순수한' 영혼의 소유자로서 아랍의 해방자임을 자임해마지 않는다. 탈선한 적군 열차의 지붕 위에 올라가 아랍 전통의상을 휘날리면서 열광하는 추종자들을 내려다보며 천천히 발걸음을 떼는 로렌스는 '분열되고 무능한 사막의 부족들을 약속의 땅으로 이끄는 선지자'의 형상 그대로이다.

그러나 이 '아라비아의 영웅'의 탄생은 로렌스라는 한 인간의 탁월성 그 자체의 구현이라기보다 그의 무모함과 기발함을 전술적으로 활용하고자 한 알렌비 장군과 미국을 1차 대전에 끌어들이기 위해 대중의 호기심을 충족시킬 '멋진 영웅'을 찾던 벤틀리 기자의 합작품이었다. 아랍인들에게 '자유를 찾아주는' 역할은 영국이나 미국 같은 '연합국'의 몫이었지 아랍인에 대한 자기동일시와 영웅심에 젖은 영관급 장교의 역할이 아니었다.

그렇다고 로렌스가 1930년대 중반 스페인 내전에 참전한 의용군부대인 '국제여단'의 사령관도 아니었으니, 그는 어쩔 수 없이 해방군을 흉내 내는 제국주의자일 수밖에 없었던 것이다. 그것이야말로 로렌스의 객관적 운명이었으나 그는 개인적인 아랍 취향과 정치적 역할을 혼동함으로써 군인-정치가로서 몰락의 길을 걸을 수밖에 없었던 것이다.

그러나 아랍인들과 이슬람세계의 관점에서 문제는 로렌스라는 한 특이한 개인의 부침이 아니라 아랍-유럽-아시아-아프리카의 광대한 지역에서 수백 년 동안 지배권을 행사하던 오스만제국의 몰락이었다. 18세기 이후 근대화에 성공한 유럽은 과거의 열세를 딛고 무슬림세계와 경쟁할 수 있는 지위를 넘어 19세기에는 적대지역으로 빠르게 팽창하기 시작했다.

반면 이 시기 이슬람권은 내부의 정치적 취약성을 이기지 못하고 혼란에 빠져들면서 내신 '지하드'를 강조하는 종교적 개혁의 활력이 드높아진 시기였다. 사막의 전장에서 부족장들이 걸핏하면 '오직 신만이 우리의 운명을 결정하신다'고 말할 때 그것은 그들의 독실한 신심(信心) 또는 서구제국주의에 대해 굽히지 않는 저항의식을 드러내는 것일 수도 있지만, 다른 한편으로는 현실에서 정치·군사적 실패에 대한 알리바이의 역할을 하는 것이기도 하다.

4) 프랜시스 로빈슨 외, 손
주영 외 옮김,《케임브리
지 이슬람사》(시공사,
2003), 138쪽

고대와 근대의 가교가 된 중세의 이슬람문명

1798년 나폴레옹 1세의 군대가 이집트를 점령하면서
본격화한 유럽의 무슬림세계 지배는 이후 서아프리카에서
중앙아시아, 그리고 동남아시아에 이르기까지 점점 그 폭
과 강도를 더해갔다. 프랑스, 영국, 독일, 러시아, 미국, 스
페인, 이탈리아, 벨기에 등이 자국의 위신과 경제적 이익을
위해 유행처럼 경쟁적으로 제국주의를 추구하는 가운데 1
차 대전 무렵까지 무슬림세계는 사실상 유럽의 식민지로
전락해버렸다.

이집트는 1914년 공식적으로 영국의 보호령이 되었
지만 이미 19세기 말부터 영국의 식민지나 다름없었다. 19
세기 초반(1830)에 알제리를 점령한 프랑스는 튀니지(1881)
를 속국으로 만들고, 모로코(1912)를 점령했다. 그리고
1912~13년에 걸쳐 발칸전쟁이 일어나면서 오스만제국은
아나톨리아와 에게해의 섬들을 비롯해 그 외 유럽지역의
땅들도 잃고 말았다.[4] 설상가상으로 오스만제국은 1차 대
전에서 독일편에 서는 치명적 실수를 함으로써 유럽연합
군에 패배하고 자신이 거느리던 영토의 대부분을 상실한
다. 앞에서 본 세 편의 영화는 바로 이러한 시대적 배경을
깔고 있다.

그런데 왜 아랍의 베두인부족은 영국인 로렌스와 함

께 같은 무슬림인들이 지배하는 오스만제국에 맞서 '아랍
의 봉기'를 일으켰을까? 그것은 분열된 부족장들의 정치
적 야심을 활용하여 적국의 내부 반란을 유도한 영국의 전
략이기도 했지만, 다른 한편으로 부족들 자신의 입장에서
오스만제국은 순수한 '아랍제국'이 아니었기 때문이기도
하다.

오스만제국은 서기 7세기에 아라비아반도에서 무함
마드로부터 시작된 아랍제국이 유라시아대륙과 아프리카
까지 확장되면서 비아랍계 인종과 종교권까지 포섭하여
만들어진 '이슬람제국'이었다. 그처럼 광대한 제국은 오
스만제국 이전에 이미 중세에 압바스 왕조(750~1258)라는
이름으로 나타난 바 있다. 시리아의 다마스쿠스를 중심으
로 한 초기 우마이야 왕조(661~750)의 아랍제국을 무너뜨리
고 이라크의 바그다드를 수도로 한 압바스 왕조는 '아라비
안 나이트'로 유명하듯이, 그 후기에 대외적인 영토 확장
보다 상공업과 문화의 진흥에 힘써 친란한 이슬람문화를
가꾸어냈다. 이 시기에 그리스어, 라틴어, 페르시아어, 힌
두어 서적들이 아랍어로 번역되었고, 아랍어가 당대 인
문·사회과학의 중심 언어가 되었으며, 그 업적은 13세기
이후 유럽에 흘러들어가 이후 르네상스의 발전에도 큰 기
여를 했다.

이처럼 이집트와 메소포타미아의 고대문명을 요람으

5) 정수일, 《이슬람문명》
(창작과비평사, 2004),
21쪽.
6) 유아사 다케오, 신미원
옮김, 《세계 5대제국 흥
망의 역사》(일빛, 2005),
194쪽.

로 하여 태어난 이슬람문명이 지닌 세계사적 의의는 무엇보다도 고대 오리엔트와 그리스-로마, 그리고 페르시아 문명 등을 계승·융화하여 특유의 중세문화를 꽃피우고 그럼으로써 고대와 근대문명을 순리적으로 이어준 데 있다고 평가된다.[5] 시간적으로 뿐만 아니라 공간적으로도 이슬람세계는 한 제국의 틀을 넘어 세계적인 체제라 부를만한 교역망을 처음으로 완성했으니, 그것은 16세기 이후 유럽인들이 주도한 세계체제의 선구라 할 만한 것이었다. 그 체계의 간선은 투르키스탄에서 아프리카로 가는 지협을 건너 사하라를 지나 서아프리카에 이르렀고, 지중해와 인도양으로 가는 해상교통이 좌우로 펼쳐진 장대한 노선이었다.[6] 그리하여 문명교류사에서 이슬람의 지위는 특별한 것이 된다.

마지막으로 살펴볼 것은 이슬람세계와 기독교세계의 관계 문제이다. 앞서 언급한대로 1453년 오스만 투르크가 비잔티움 제국의 수도인 콘스탄노플을 점령한 것은 역사적인 사건이었고, 기독교세계는 그 치욕을 쉽게 잊을 수 없었다. 그러나 양쪽은 갈등의 요인만이 아니라 공존의 근거도 상당하게 가지고 있는 것으로 여겨진다. 무엇보다 두 세계는 종교적 뿌리를 공유하고 있으니 기독교와 이슬람이 신봉하는 유일신은 그 대상이 같은 것이다.

꾸란에 등장하는 28명의 예언자 중 21명이 기독교 바

이블에도 나오고 있으며, 마리아에게 수태를 고지한 가브
리엘은 나중에 무함마드에게 꾸란을 낭독하라고 말했던 바
로 그 천사였다는 것이다. 또한 그들은 지성적 근원도 공유
하는 바, 무슬림들은 플라톤과 아리스토텔레스 및 그 계승
자들(스토아학파, 피타고라스학파, 신플라톤주의)에 열광하고,
그리스인들이 수학, 천문학 분야에서 쌓은 업적들을 중세
의 무슬림들이 폭넓게 발전시켰다.[7] 그리고 그 성과가 결
국 근대 유럽의 탄생에 커다란 기여를 했다는 사실은 이미
언급한 바 있다.

610년	무함마드, 이슬람교 창시
632년~	정통 칼리파 시대
638년	칼리프 우마르 1세, 예루살렘 정복
661년~	우마위야 왕조
678년	비잔티움제국 수도인 콘스탄티노플 공격, 실패
697년	비잔티움인들로부터 카르타고를 빼앗음
717년	콘스탄티노플 2차 공격, 실패
749년~	압바스 왕조(이라크, 바그다드)
756~976년	스페인 우마위야 왕조
909~1171년	파티마 왕조(북아프리카, 이집트, 시리아)
1071년	셀주크투르크, 바진티움으로부터 아나톨리아 지역 대부분 빼앗음
1038~1307년	셀주크(시리아, 페르시아, 아나톨리아)
1187년	갈릴리에서 이슬람군대가 유럽 기독교군대 대파
1206년	칭기즈 칸
1227~1868년	몽골 및 중앙아시아(사마르칸트, 부하라) 이슬람왕조들
1250~1516년	맘루크 왕조(이집트, 시리아)
1296년~	오스만 1세, 오스만제국 창건(아나톨리아, 발칸, 아랍 지역)
1300년경	오스만제국, 소아시아의 대부분 지역 점령
1396년	불가리아, 오스만투르크에 귀속됨
1422년	무라드 2세, 콘스탄티노플 포위 공략, 실패
1453년	메메드2세, 콘스탄티노플 함락(비잔티움제국 몰락)
1456년	오스만투르그, 아디네 점령
1461년	오스만투르크, 비잔티움의 최후 영토인 트레비존드 정복
1511년~	모로코 사아디 왕조, 필랄리 왕조
1526~1858년	무굴제국(인도)
1529년	오스만투르크의 슐레이만 2세, 30만 대군으로 빈 포위, 실패
1683년	무스타파 2세, 빈 포위했으나 또 실패
1914~1918년	오스만, 독일편에서 유럽(1차) 대전 참전
1920년	이라크, 영국의 위임통치령
1922년	오스만제국 붕괴
1923년	터키공화국(무스타파 케말=아타튀르크)

8장

수천 년 역동의 문명사, 중화제국

아편 전쟁 鴉片戰爭: The Opium War ' **시에진** 감독, 1997

1839년 봄날. 광주의 주강(珠江)변 영국대사관 앞에 교수대가 세워지고 사람들이 교수형에 처해진다. 그들의 죄목은 아편 판매. 청조 도광제의 특별 지시에 따라 조정대신 임칙서가 아편 금지령을 명목으로 아편 판매상들을 처벌하는 것이다. 중국에서는 위정자들이 영국 상인들의 아편밀수를 눈감아 주는 대신 거액의 뇌물을 챙겼고, 아편에 중독된 사람들은 아편을 구하기 위해 온갖 수단을 가리지 않았다. 임칙서는 아편근절을 위해 아편을 전부 몰수하기로 결정한다. 1839년 6월, 임칙서는 2만여 개의 아편상자를 소각시키지만 중국에 주둔하고 있던 영국인들은 청이 영국 정부의 재산을 없앴다는 이유로 영국정부에 출병을 요청한다. 영국함대는 중국 근해를 거쳐 북경까지 들어오고 임칙서는 전쟁의 빌미를 제공했다는 모함을 받아 관직을 박탈당한다. 그 자리에 대신 들어온 기선은 영국군함과 대포를 보고 중국이 패배를 예상하며 영국과의 협상을 추진하려 한다.

마지막 황제 The Last Emperor ' **베르나르도 베르톨루치** 감독, 1987

1908년, 3살의 푸이는 청나라 최고의 권력자인 서태후의 지명으로 광서제의 후계자가 되기 위해 자금성에 들어가게 된다. 하지만 그가 청나라의 황제로서 존재할 수 있던 시기는 3년뿐이었다. 1911년 신해혁명으로 청나라가 몰락하고 중화민국이 탄생하자 푸이는 기존의 존호와 궁전, 사유재산만 인정받은 채 퇴위한다. 영국인 가정교사와 함께 생활하던 푸이는 변화하는 시대 상황 속에서 혼란을 겪는다. 1924년의 군사혁명으로 추방, 감시받는 생활을 겪으며 어지러운 시대를 감내해야 했고, 이 와중에 그의 후실이 신사상에 눈떠 떠나고 만다. 일본군의 계략으로 신생 만주국의 황제가 되었으나 아무런 힘이 없었고, 이에 실망한 첫째 아내는 아편중독에, 불륜까지 저지른다. 만주국이 멸망하자 푸이는 소련의 전범 수용소로 송치됐다가 후에 다시 중국으로 후송되지만 공산정권에 의해 10년간 재교육을 받는다. 그리고 식물원 정원사가 되어 마침내 자유의 몸이 된다.

색, 계 色, 戒: Lust, Caution ' **이안** 감독, 2007

2차 대전 발발로 영국으로 떠난 아버지를 기다리는 왕치아즈. 연기에 매료된 그녀는 대학교 연극부에서 활동하지만 이 연극부는 급진파 광위민이 주도하는 항일단체였다. 그들은 친일파의 핵심인물인 정보부 대장 '이'의 암살계획을 세운다. 광위민에게 끌리고 있던 왕치아즈도 이 계획에 동참한다. 그녀의 임무는 신분을 위장해 이의 아내에게 접근, 신뢰를 쌓은 뒤 이와 가까워지는 것이었다. 이에게 접근하는 데에 성공한 왕치아즈. 하지만 처음 본 순간 두 사람 모두 서로에게 끌리고 이는 다른 곳으로 발령 받는다. 1941년, 학업을 계속하던 왕치아즈에게 광위민이 찾아와 이의 암살 작전에 동참할 것을 부탁한다. 3년 만에 다시 만난 왕치아즈와 이. 두 사람은 예전보다 더욱 깊어진 마음을 확인한다. 몸으로 이의 마음을 얻은 왕치아즈는 자신이 실제 이를 사랑을 하고 있음을 알게 된다. 왕치아즈의 배신으로 암살은 실패하고 왕치아즈와 그의 동료들은 총살을 당한다.

서양의 함포에 무너진 '세계의 중심'

〈아편전쟁〉
〈마지막 황제〉
〈색, 계〉

흔히 생각하듯이 중국이 주변 민족이나 국가들에 비해 항상 월등한 입장에 선 패권자였던 것은 아니다. '중화제국' 의 역사는 한족 중심의 중국사로 간단히 치환될 수 있는 단일 민족의 역사가 아니라 수많은 주변 민족들과 2000년간 교류하고 전쟁하면서 갈등관계와 우호관계를 반복해온 역동적인 문명사였다. 따라서 근내 이래 서구 열강과 본격적으로 접촉하면서 중국이 당했던 패배와 치욕의 경험은 역사적으로 완전히 새로운 것은 아니었다. 다만 서양 오랑캐(洋夷)의 도전을 용인한다는 것이 기존 세계관으로는 정당화하기 곤란한 시험대에 오른 것이라고 할 수 있었다. 그것은 새로운 차원의 도전이었지만, 현실의 냉혹한 위계질서를 추상적인 도덕관념으로 정당화하는 데 익숙한 유가사상에 젖은 중국의 지배층과 지식인들은 미처 그러한 사실을 깨닫지 못하고 있었다.

　　인류사에 부침을 거듭한 수많은 제국들 중 그 장대함에서 단연 두드러지는 두 개의 산맥은, 적어도 지금까지 알려진 역사 지식을 기초로 말한다면, 고대 이집트와 근대까지 이어진 중국이라고 할 수 있다. 그에 비해 서구인들이 커다란 자부심을 가지고 있는 로마제국이나 대영제국은 정상에 올라서면 전모가 보이는 봉우리들에 비유해도 무방할 것이다. 그럼에도 불구하고 후자의 두 제국(거기에 20세기 미국까지 포함한다면 세 제국)이 우리에게 유독 육중한 실체로 다가오는 것은 이른바 '근대 세계'의 관념을 서구인들이 만들고 유포한 데서 오는 일종의 착시현상이라고 할 수 있다.

　　19세기 이후 세계 패권을 행사해 온 영국과 미국은 오늘의 세계가 작동하는 물리적 제도와 규범적 체계를 확립하는 데 주도적인 역할을 하고 그것을 자신의 지배 권역에 들어온 변방인들에게 민주주의니, 자유무역이니, 발전이니 하는 '보편'의 이름으로 선전·설득·강요하는 데 상당한 성공을 거두었다. 그리고 그들 앵글로–색슨 제국이 전범(典範)으로, 또는 반면교사로 삼은 것이 바로 고대 로마였기 때문에 비서구인인 우리조차 어느덧 내면화된 표준적 관점에서 그들을 그렇게 크게 바라보게 된 것이다.

　　수많은 왕조의 교체를 겪으며 명맥이 유지되던 이집

트제국이 로마에 정복된 이후, 중국은 진(秦)나라의 중원대륙 통일(기원전 221년) 이래 2000여 년 간 중심과 주변의 주체와 범위를 바꿔가며 제국의 형태를 이어온 특별한 경우라고 할 수 있다. 물론 이집트나 페르시아, 비잔티움, 그리고 이슬람 같은 제국들처럼 중국 또한 진-한-수-당-송-원-명-청나라로 왕조가 교체되는 동안 숱하게 분열과 혼란의 시기를 겪었다. 그리고 그러한 역사의 전개 과정에서 지배 민족이 한족에서 몽고족(원), 만주족(청) 등으로 바뀌기도 하였다.

중국이 주도한 전통적인 동아시아 질서를 일컫는 '조공체제'는 실상 일방적인 중국인 지배체제가 아니라, 중원의 지배세력이 상대적으로 적은 비용을 들여 광대한 초원을 주름잡던 북방민족들과 유화적인 대외관계를 수립하려던 전략적 발상의 결과였다.[1]

그러나 19세기 서구제국주의 국가들은 중국인들이 전통적으로 동이(東夷)·남만(南蠻)·서융(西戎)·북적(北狄)이라 불렀던 오랑캐들과는 전혀 수준이 다른 제도와 사상, 그리고 무기를 들고 쳐들어왔다. 이세 공물과 징략결혼 정도로는 화친할 수 없는 '야만족'이 나타난 것이다. 그럼에도 불구하고 구질서의 관념적 포로가 된 청나라의 지배층은 여전히 자신들에게 익숙한 방식으로 그들을 파악하고 대적(對敵)하려고 하였다.

〈아편전쟁〉
〈마지막 황제〉
〈색, 계〉

2) 황인우 지음, 홍광훈
·홍순도 옮김, 《거시중
국사》(까치, 1997), 349
~353쪽

전환시대의 외압이 초래한 근대의 문턱

영화 **〈아편전쟁〉**(阿片戰爭, 시에진(謝晉) 감독, 1997)은 전통적으로 외국세력을 평등하게 대한다는 관념을 인정하지 않던 중국인들에게 아편무역을 강요한 영국의 함포외교를 둘러싼 혼란과 저항을 그리고 있다. 민족의식의 각성을 촉구하는 의도로 제작된 중국영화답게 첫 화면에 "오직 외세에 항거했던 나라만이 바른 시각으로 역사를 되돌아본다"는 교훈조의 자막이 떠오른다. 그리고 무력(武力) 면에서 열여섯 척의 전함에 540문의 화포를 싣고 4000명의 원정군을 파견한 영국에 비해 이미 구식이 된 창과 칼을 들고 싸움으로써[2] 절대 열세에 몰렸던 중국인들이 무자비하게 대포를 쏘아대는 서양의 침략자에게 결코 무릎 꿇지 않고 결사 항전했다는 내용을 부각시킨다.

그런데 여기에서 중국인들은 한결같이 (심지어 영국 장교들을 회유하기 위하여 적군 막사에 위안부로 파견된 여인까지) 거족적인 저항의 주체로 묘사되고 있다. 1차 아편전쟁 뒤 10년이 지나 번져나간 태평천국운동이나 20세기 초반 혁명운동에서 나타난 것과 같은 만주족에 대한 배척 감정은 드러나지 않는다. 그것은 아편전쟁이 외세와 중국의 대결이라는 민족주의 전선에서 치러진 것이어서 그렇기도 하겠지만, 아마도 현대 중국의 지도부가 매우 우려하는 중국 내

1840년 일어난 아편전쟁은 중국이 그때까지 세계의 중심이자 모범으로 여겨온 지배질서와 사회경제 구조의 테두리 안에서 자족하고 있을 때, 외압에 의해 강요된 '근대'라는 문턱을 고통스럽게 넘어갔던 충격과 모멸의 순간이었다. 영화 〈아편전쟁〉은 그러한 모멸을 외세에 대한 결사 항전으로 포장했다.

민족갈등과 관련해서도 정치적으로 허용되지 않는 금기이기 때문이었을 것이다.

이 영화에서 매우 중요한 비중으로 묘사되고 있는 것이 외세에 대한 청나라의 대응전략을 둘러싼 갈등이다. 양호(兩湖)총독 임칙서(林則徐)가 대표한 주전론(=초이剿夷)과 직례총독 기선(琦善)이 주장한 주화론(=무이撫夷)이 그것인데, 사실 그 두 노선 모두 낭시 적국의 전생 준비 태세와 중국 내부의 자원동원 능력이라는 전반적인 상황을 잘못 판난하고 있었다. 때문에 결국 어느 노선도 나라를 구하는데 성공하지 못했다.

전자는 침략자에 관해 알지 못한 채 중국인들의 내부 역량을 과대평가했고, 후자는 서양손님에 대한 후한 대접과 여자라는 선물로 적장(敵將)을 온순한 양처럼 물러나게

〈아편전쟁〉
〈마지막 황제〉
〈색, 계〉

할 수 있다는 낡은 관념의 산물에 불과했다. 따라서 전쟁의 패배라는 결과는 황제인 도광제(道光帝) 개인의 변덕이나 능력의 문제를 훨씬 넘는 범위에서 일어난 시대적 전환의 위기에서 초래된 것이었다. 요컨대 아편전쟁(1840~42)은 중국이 그때까지 세계의 중심이자 모범으로 여겨온 지배질서와 사회경제 구조의 테두리 안에서 자족하고 있을 때 외압에 의해 강요된 '근대'라는 문턱을 고통스럽게 넘어갔던 충격과 모멸의 순간이었던 것이다.

《국부론》을 쓴 아담 스미스[3]가 이미 인정한 바 있듯이, 중국은 19세기 초반에 이르기까지 세계에서 가장 부유한 국가였다. 프랑스의 계몽주의자들은 자신들이 비판해 마지않던 유럽의 구체제(앙시앙 레짐)에 대한 미래의 대안을 정치적 유토피아의 구현체로 상상한 중국에 투사했다. 몽테뉴, 볼테르, 몽테스키외 등 많은 사상가들은 중국의 합리적인 관료제를 높이 평가하고, 이성을 농단하는 신(神)의 관념 없이도 사회질서 유지의 규범을 제공하는 유교를 입이 마르게 칭송하고 있었다.[4] 또한 당시 중국산 도자기와 비단, 그리고 차(茶)는 유럽과 러시아, 일본 등지에서 각광받는 상품으로서 황실 재정을 넉넉하게 하고 세계에서 가장 많은 인구가 일정한 생활수준을 유지하는 데 기여했다. 중국은 일찍이 아리스토텔레스가 《정치학》에서 언급했던 바와 같은 자급자족 사회의 모범이라고 할만 했다.[5]

3) 애덤 스미스의 시장경제이론으로 중국의 부상을 설명하려는 시도로는 조반니 아리기, 강진아 옮김, 《베이징의 애덤 스미스》(길, 2009) 참조. 또한 앙드래 군더 프랑크, 이희재 옮김, 《리오리엔트》(이산, 2003)에서도 중국이 19세기 초반까지 서구보다 우월했으며, 서양은 1850년 이후 '아시아라는 거인의 어깨에 올라 '일시적으로 승리한 것에 불과했다고 주장한다.
4) 계몽주의 시대 '중국 숭배'에 관해서는 J.J. 클라크, 장세룡 옮김, 《동양은 서양을 어떻게 계몽했는가?》(우물이 있는 집, 2004)의 3장 참조.

　　따라서 중국이 서양 상인들에게 자국과 교역할 수 있
는 장소를 광주(廣州) 한 곳으로만 한정하고, 속칭 13행(十三
行)이라고 불린 이관(夷館, 오랑캐담당 부서)을 통해서만 중국
정부의 명령을 하달 받게 한 방침, 그리고 서양인들은 8자가
들어간 날에만 하남의 화지(花地)에, 그것도 무기는 물론
'오랑캐 여자(夷婦)'의 동행 없이 한 차례만 놀러갈 수 있게
한 조치는, 그들에게는 별로 이상한 정책이 아니었다.

순수하고 완고한, 그러나 자가당착의 보수성

　　당시 중국인들에게 외국 사람들이나 외국산 문물은
최소한 불필요한 것이나 기껏 부가적인 것, 아니면 그 정체
를 알 수 없는 위험한 존재에 불과했다. 즉 '모든 것을 가졌
다'고 자부한 중국은 굳이 서양을 필요로 하지 않았던 것
이다. 그러나 거꾸로 서양은 중국을 필요로 했다. 그것은
중국인들 자신의 의지나 욕망과는 무관한 것이었다. 그리
고 바로 그것이 불행의 씨앗이었다. 그동안 아시아의 중심
으로 군림하던 중국의 쇠락과 세계 정치 · 경제체제의 변방
에 머물러있던 서유럽의 부상이 교차하던 국면에서 한쪽의
승리와 영광은 다른쪽의 패배와 좌절을 의미했다.
　　18세기 이래 공업혁명에 성공하고 국제무역의 경험을
축적한 영국과 네덜란드, 그 뒤를 따른 프랑스, 독일, 러시

5) 아리스토텔레스는 "여
러 부족으로 구성되는 완
전한 공동체가 국가인데,
국가는 이미 완전한 자급
자족이라는 최고단계에
도달해 있다고 할 수 있
다"고 말한다. 그는 또
"사물의 최종 원인과 최종
목표는 최선의 것이며, 자
급자족은 최종 목표이자
최선의 것"이라고 주장하
고 있다. 천병희 옮김, 《정
치학》(숲, 2009), 20쪽

〈아편전쟁〉
〈마지막 황제〉
〈색, 계〉

177

6) 패트리샤 버클리 에브리, 이동진·윤미경 옮김, 《케임브리지 중국사》(시공사, 2006), 259쪽

아, 그리고 미국 등은 19세기 후반 아프리카와 아메리카 대륙에서 식민지 쟁탈전을 끝내고 바야흐로 동아시아로 눈을 돌리기 시작했다. 이미 허물어져가는 무굴제국을 대신하여 인도를 장악한 영국은 동인도회사를 통해 인도산 아편을 중국으로 수출하여 중국산 비단과 차 수입으로 자국의 은이 대량으로 빠져나가면서 발생한 무역역조 흐름을 뒤바꿔보려 했다. 그러한 정책은 매우 성공적이었다.

건륭제(1735~95) 초기에 약품 명목으로 400상자(한 상자는 100근) 정도 수입되던 아편은 1821년 무렵에는 5천 상자, 1835년에 오면 1만 상자로, 그리고 아편전쟁 직전인 1838년에는 무려 4만 상자로 가파르게 증가했다.[6] 그 사이 중국 사회는 황실 궁정에서부터 말단 지방관리, 그리고 일반 백성에 이르기까지 아편 연기 속에서 서서히 정신을 잃고 혼미상태로 빠져들고 있었다. 그것이 도광제가 아편금지를 결심하고 임칙서가 호문에서 영국인들로부터 거둬들인 아편 230여만 근을 소멸시킨 특단의 조치를 취한 배경이었다.

하지만 바로 그때 영국에서 '중국을 소유하는 것이 곧 19세기를 소유하는 것'임을 꿰뚫어보고 있던 제국주의자 빅토리아 여왕은 "우리는 아편 상인들을 위해서가 아니라 동양인들에게 자유무역을 가르치기 위해서 군대를 보내야한다"며 전쟁을 승인했다. 자유무역과 군함이라는, 서로

어울릴 것 같지 않은 두 개의 깃발은 사실 서구 제국주의자들에게는 너무나 자연스럽고 익숙한, 명분과 수단의 적절한 결합이었다.

결국 전쟁에 패배한 중국은 1842년 난징조약과 이듬해 호문조약을 통해 승전국 영국에 호된 대가를 치러야 했다. 배상금 2100만 냥에 더해 홍콩을 넘겨주고 광주·하문·복주·영파·상해 등 다섯 개의 통상항구를 개방하며, 관세협정을 맺고 중국 내 영국인의 치외법권을 인정해야 했다. 국제법 운운하던 서양세력이 강요한 전형적인 불평등조약이었지만, 당시 중국인들은 그 조약의 의미조차 제대로 파악하지 못하고 있었다. 그리하여 중국 지도부는 나중에 프랑스와 텐진조약을, 미국과는 왕샤조약을 맺고 나라를 반(半)식민지 상태로 끌고 가면서도 자신들이 서구열강을 분할, 관리할 것이라는 망상을 하고 있었다.

뒤늦게 정신을 차린 지배엘리트가 외세 침탈과 민중 반란의 와중에 동도서기론(東道西技論)에 기초한 '자강운동'(1860~70)과 제도개혁을 목표로 한 '무술변법'(1898)을 통해 위기에 처한 제국을 구제하려고 시도했으나 때는 너무 늦어버렸다. 전통 체제의 구조적 개혁 없이 서양의 기술과 무기만 들여와 자국을 선진화하려던 노력은 소기의 성과를 달성할 수 없었다. 27세의 젊은 황제(광서제)와 개혁적 지식인 강유위 등이 주도한 '100일 유신'은 체제수호의 최

7) 19세기 후반 청나라의 근대화 시도와 그 몰락에 관해서는 존 킹 페어뱅크·멀 골드만, 김형종·신성곤 옮김, 《신중국사(수정증보판)》(까치, 2006) 11장(초기 근대화와 청조의 몰락) 참조.

후 보루였던 섭정 자희태후의 반동으로 물거품이 되고 말았다.[7]

우국충정과 개혁의 열망은 지배계급 자체를 스스로 볼모로 만드는 전통체제의 완고한 보수성과 냉정한 세력관계가 좌우하는 현실정치를 개혁의 청사진으로 대체하려 했던 순진함으로 인해 좌절을 맛보게 되었다. 그리고 역사의 도정에는 드디어 구체제의 내파(內波), 즉 1911년의 신해혁명과 공화국의 탄생이 기다리고 있었다.

모순과 혼란뿐인 '마지막 황제'의 마지막 꿈

영화 〈마지막 황제〉(베르나르도 베르톨루치 감독, 1987)는 후사(後嗣)를 남기지 못하고 떠난 불운한 광서제의 뒤를 이어, 마지막 숨을 헐떡거리며 그를 간택한 황태후의 농간으로 불과 세 살에 중국 황제의 자리를 물려받은 푸이(溥儀)의 곡절 많은 인생유전을 다루고 있다.

〈아편전쟁〉이 중국인들이 '바른 시각으로 역사를 되돌아보기' 위해 만든 애국주의 영화라면, 〈마지막 황제〉는 서구인들이 '신비롭고도 이해할 수 없는 동양'이라는 그들의 관념에 맞춰 중국이라는 제국의 몰락을 황제의 개인사를 통해 들여다보고 있는 작품이다. 하나는 전쟁이 중심 줄거리를 이루고 다른 하나는 그 지위가 특별했던 한 인간의 영화 〈마지막 황제〉는 서구인들이 '신비롭고도 이해할 수 없는 동양'이라는 그들의 관념에 맞춰 중국이라는 제국의 몰락을 황제의 개인사를 통해 들여다보고 있는 작품이다. 마지막 황제 부의의 삶은 그 자체가 모순과 혼란으로 가득 찬 당대 중국의 현실을 반영하는 것처럼 보인다.

운명을 묘사하고 있지만, 둘 다 안팎으로부터 몰려온 충격에 무너진 구질서 속에서 중국의 근대가 어떻게 만들어지고 있었던가를 배경으로 하고 있다는 점에서 함께 언급할 가치가 있다.

〈마지막 황제〉의 시점은 만주의 한 감옥과 베이징의 자금성을 교차한다. 2차 대전 시기 일제가 패망하면서 소련군에 포로로 잡혀간 푸이가 1950년에 돌아와 만주의 한 감옥에서 10년간 '황제에서 인민으로' 교화되는 과정이 현재의 시점이라면, 1908년 세 살에 등극하여 21살의 나이에 자금성에서 쫓겨나 일본 대사관에 몸을 의탁하게 될 때까지 내시들이 들끓는 박제화된 구중궁궐에서 일어난 일화들을 회상하는 장면들이 회고 시점으로 구성되어 있다.

그리고 푸이가 감옥에서 석방되어 정원사로 일하다

알아보는 이 아무도 없는 평범한 노인으로 문화혁명이라는 광풍(狂風)이 휩쓰는 1960년대 중반의 거리에서 중화인민공화국의 모범적인 교도소장이 억울하게 반동분자로 몰린 것에 항의하다 쓰러지고, 다시 이제는 관광지가 된 자금성 안 황제의 의자(그러니까 제국이 무너지지 않았다면 평생 바로 자신의 자리였을)에 앉아보고는 사라지는 장면이 에필로그에 해당한다. 푸이가 숨을 거둔 것이 1967년이라고 하니 이 영화는 한 갑자(60년)에 해당되는 중국현대사에 관한 특별한 연대기라고 볼 수도 있을 것이다.

이 영화는 푸이의 서양인 스승으로 초빙되어 꼬마황제와 함께 청나라의 마지막 날들을 지켜보다가 나중에 영국으로 돌아가 《자금성의 황혼》[8]을 쓴 존스턴(런던대 동양학 교수)의 관찰을 참조하고 있다. 그 관찰자의 시점은 몰락해가는 궁정에 동정적인 내부자 시선이자, 동시에 아시아의 연약한 군주를 계몽시키고자 했던 서구제국 출신 지식인의 외부적 시선이기도 하다. 따라서 우리가 이 영화의 나레이션에서 듣게 되는 것은 푸이 자신의 순수한 목소리라기보다는 '존스턴이라는 관(管)을 통해서 울리는 푸이' 라는, 즉 영국에 공명(共鳴)하는 중국의 사라진 질서에 대한 일종의 향수라고 할 수 있을 것이다.

세상 물정 아무것도 모르던 어린아이가 황제의 자리에 오른 지 3년 만에 신해혁명이 발발하고 공화국이 탄생했으니 자금성의 주인은 이제 존재가치가 사라진 것이었다. 하지만 영화에서 이 마지막 황제는 철이 들면서 개혁 의지가 매우 강했던 인물로 그려지고 있다. 당사자들이 자신들의 파트너를 선택할 수 없는 전통적인 결혼제도를 비롯해 중국의 '모든 것을 바꿔버리겠다' 고 다짐하면서, 동시에 '옥스퍼드에 유학 가고 싶다' 는 후진국 청년의 꿈을 품고 있는 푸이는 그 자체가 모순과 혼란으로 가득한 당대 중국의 현실을 반영하는 것처럼 보인다. 자금성에서 버림받고 지방도시에서 플레이보이로 떠도는 지경에서도 '황제의 꿈' 을 버리지 못하고 있던 푸이는 1931년 일본제국의 꼭두각시인 만주국의 영도자가 되기로 결심한다.

그리고 그의 부인이 "당신은 일본인들에게 이용당하고 있다"고 하자 "내가 그들을 이용하는 것" 이라고 강변하는 것은 이제 껍데기만 남은 중화제국의 정통성을 이용해보고자 한 일본제국의 음험한 술수에 가세한 푸이의 가엾은 야망의 표현이었다. 자신이 구질서를 계승하는 명분('황제' 라는 시대착오적 호칭)을 가졌으니 지금 당장은 힘으로 밀어붙이는 일본이라도 나중에는 자신의 통세 하에 들어가리라고 기대한 것이다.

그리하여 푸이는 혁명 이후 자금성 안에서 유폐된 채 생모를 그리워하는 '꼬마황제' 로서 세상을 알지 못했던 만큼이나 자금성 밖에서도 제국주의와 항일 전쟁이 세상의 질서를 새롭게 만들어가는 이치를 깨닫지 못하는 순진한 청년으로 머물러 있었다. 일제에게 푸이는 단지 '상징적인 협력자'로서 필요했던 것이지 그들의 지도자로 옹립할 생각은 추호도 없었던 것이다. 결국 2차 대전의 패배와 소련군의 남하로 일본제국주의도 푸이도 성공하지 못했으며, 만주국은 역사의 기록으로만 남게 되었다.

식민지 애국자와 제국의 '협력자'는 사랑할 수 있을까

영화 〈**색, 계**〉(이안 감독, 2007)는 1930년대 말~1940년대 초, 한편으로는 동아시아의 강자로 떠오른 일본제국이 중국 대륙을 야금야금 집어삼키고, 다른 한편으로는 중국 공산당이 사회주의혁명의 주체로 부상하던 혼란의 시기에 상하이를 무대로 펼쳐지는 숨가쁜 드라마를 그리고 있다. 이 영화는 표면적으로는 일제에 부역하는 중국인 정보부대장(양조위 분)을 암살하려는 비밀결사에 속한 애국적인 여대생(탕웨이 분)이 결국 '나쁜 남자'인 그를 사랑하게 된 처절한 멜로드라마로 비쳐진다.

논리적으로 보면 매국노와 독립운동가는 화해할 수 없는 적대자들이지만, 복잡한 현실과 우연한 감정이 섞여서 나타나는 인간의 행동은 때로 예측불허의 결과를 빚게 되고 두 남녀의 처지와 심리상태를 따라가다 보면 결국

'이해할 만하다' 는 반응을 이끌어낸다. 하지만 우리가 보기에 이 영화의 소재가 흥미 있는 것은 두 남녀를 둘러싼 그 비극적 멜로성 자체에만 있는 것이 아니라, 당시 반(半) 식민지 상태로 떨어진 중국에서 암약하는 일제의 스파이라는 남자주인공의 설정 때문이기도 하다.

제국주의자들은 자신들이 침략한 식민지·종속국의 협력자를 매개로 해서만 효율적으로 지배와 착취의 의도를 관철할 수 있다. 그리고 제국의 스파이는 그런 메커니즘의 최전선에서 정보를 수집하고 음모를 꾸미는 역할을 담당한다. 따라서 그들은 항상 '반역자' 인 자신들을 향한 '애국자' 들의 날카로운 시선과 응징의 음모를 예민하게 의식하지 않을 수 없다. 이처럼 생존과 출세의 정글에서 자신들을 고용한 제국의 힘과 심지어 그 역사적 정당성까

〈아편전쟁〉
〈마지막 황제〉
〈색, 계〉

9)《친일 인명사전》의 발
간에 대해 남한의 일부
우파집단은 2010년 3월
'국가정상화추진위원
회'라는 이름으로 '친북
좌파인사' 100명의 명단
을 발표했다. 그런데 1차
로 발표한 그 명단에는
전혀 친북적이지 않은,
오히려 평소 명백히 '반
북적' 입장을 표명한 사
람들이 여러 명 포함되
어 이데올로기적인 문제는
제처놓고라도 '기술적으
로도' 그 명단의 신뢰성
을 충분히 의심하게 만
들었다.

지 신뢰하게 되는 '협력자―배신자'들의 존재는 제국주의
와 식민지 문제를 해명할 때 빠뜨릴 수 없는 주제인 것이
다. 물론 그런 집단 중에도 정치적 확신범과 권력 추구형
기회주의자, 그리고 생계형 끄나풀 등 여러 부류가 섞여 있
음은 물론이다.

2009년 한국에서도 《친일 인명사전》(민족문제연구소,
2009)이 발간되어 친일파 문제를 두고 정치적으로 뜨거운
논쟁을 불러일으킨 바 있으니 이 문제는 남의 나라의 옛이
야기가 아니라 바로 우리 사회에서도 현재진행형이라고 할
수 있는 것이다.[9]

중화제국 연표

기원전	221년	진, 중국 통일
	206년	한 왕조(220년까지), 전한 혹은 서한 왕조 수립(9년까지)
기원후	220년	분열의 시기~(589년까지)
	589년	수 왕조(581년~618년), 중국 재통일
	618년	당 왕조 수립(907년까지)
	907년	5대(960년까지), 거란족이 요 왕조 선포(1126년까지)
	960년	북송 왕조 수립(1126년까지)
		송 왕조 수립((1276년까지)
	1126년	여진족, 북중국 장악. 금 왕조 확장(1115년~1234년)
	1127년	남부에 남송 왕조 수립(1276년까지)
	1215년	몽골 족, 북중국의 대부분 장악
	1276년	몽골 족의 원 왕조, 남중국을 지배
	1368년	명 왕조 수립(1644년)
	1644년	만주족의 청 왕조 수립(1911년까지)
	1840년	아편전쟁, 1842년 난징조약으로 끝남. 영국이 홍콩 차지
	1860년	영국과 프랑스 원정군이 베이징 점령(여름 궁전-원명원 불태움)
	1884년	청 · 프랑스 전쟁(1885년까지)
	1894년	청 · 일 전쟁(1895년까지)
	1898년	광서제의 개혁, 자희 태후에 의해 실패
	1900년	의화단의 난
	1911년	청 왕조, 혁명가들에 의해 전복(신해혁명)
	1926년	국공 합작, 북벌 단행
	1931년	일본, 만주 지배권 장악
	1937년	중 · 일 전쟁(1945년까지)
	1949년	마오쩌둥을 지도자로 중화인민공화국 건국
	1966년	문화혁명 발발(1969년까지)
	1978년	덩샤오핑 복권
	1989년	천안문 사건

〈아편전쟁〉
〈마지막 황제〉
〈색, 계〉

9장

지지 않는 해란 없다, 대영제국

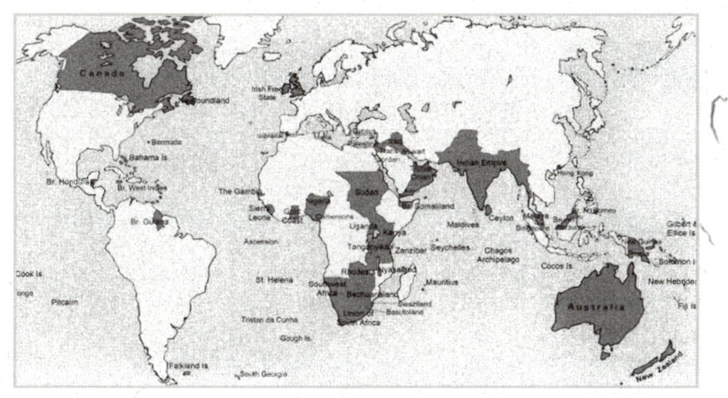

골든 에이지 Elizabeth: The Golden Age ' **세자르 카푸르** 감독, 2007

16세기 말. 영국 역사상 가장 위대한 여왕으로 인정받는 엘리자베스 1세. 신교와 구교 간의 세력 다툼으로 유럽대륙에는 피바람이 불기 시작하고, 영국 역시 그 격동 속에서 흔들린다. 구교가 주축인 스페인은 왕위 계승 서열 2위인 메리 스튜어트를 이용해 신교도인 여왕 엘리자베스 1세를 암살하려 한다. 엘리자베스 1세는 탐험가 월터 라일리를 사랑하지만, 나라를 통치해야 하는 자신의 지위 때문에 애써 마음을 숨긴다. 라일리에 대한 복잡한 마음이 점점 커져갈 때, 메리 스튜어트의 암살음모가 발각되고 엘리자베스는 그를 사형에 처한다. 이에 스페인은 영국에 전쟁을 선포한다. 스페인의 무적함대를 격파하고 승전한 영국은 황금기를 맞게 된다. 라일리는 엘리자베스의 시녀와 사랑을 하게 되고 두 사람 사이에는 아이가 생겨났다. 엘리자베스는 시녀를 쫓아내지만 시간이 흐른 뒤 라일리와 그녀의 시녀를 찾아가 아이의 탄생을 축하한다. 그리고 자신의 자리로 돌아온다.

인도로 가는 길 A Passage To India ' **데이빗 린** 감독, 1984

인도에서 치안 판사로 근무하는 영국인 로니를 만나기 위해 런던에서 건너온 그의 어머니 모아와 로니의 약혼녀 아델란. 로니의 마중을 받으며 역에 도착한 무어는 영국과는 너무나 다른 인도에 적응하지 못하고 불만을 느끼는데, 그녀의 인도생활에 도움을 준 사람은 인도인 의사 아지즈이다. 그는 필딩 교수와 무어 부인, 아델란, 그리고 인도인 가드볼리 교수와 함께 마라바 동굴 여행을 계획한다. 아지즈에게 동굴 관광의 안내를 받은 아델란은 동굴 속의 신비스런 메아리 때문에 착란을 일으켜, 아지즈가 자신을 능욕하려고 했다고 생각하고 그를 고발한다. 아지즈와 주민들, 필딩 교수는 무죄라고 하고 영국인들은 유죄를 주장한다. 하지만 재판 당일 아델란은 자신의 실수를 인정하고 그에 대한 고소를 취하한다. 그러나 아지즈는 아델안을 명예훼손 혐의로 고소한다. 언제나 아지즈의 편이 되어 주었던 필딩 교수는 아델란을 위해 아지즈를 찾아가 설득하고 고소는 취하된다.

보리밭을 흔드는 바람 The Wind That Shakes The Barley ' **켄 로치** 감독, 2006

1920년 아일랜드, 런던의 어느 병원에서 일하는 젊은 의사 데이미언은 영국군의 횡포에 친구 미하일이 목숨을 잃는 사건을 계기로 의사를 포기하고 자신의 형 테디가 이끄는 IRA에 가담한다. 하지만 내부 밀고자의 소행으로 붙잡히게 되고 형 테디가 가혹한 고문을 받게 된다. 아일랜드계 보초병의 도움으로 가까스로 탈출했지만 밀고자가 절친한 동료 크리스라는 것에 충격을 받는다. 데이미언은 밀고자를 처형하라는 명령에 따라 크리스에게 총부리를 겨눈다. 이후 데이미언은 아일랜드의 독립을 위한 투쟁에 몰두하고 마침내 영국과의 평화조약이 체결되었다는 소식이 듣는다. 그러나 이 조약이 아일랜드의 일부만 자치하는 것임을 알고는 혼란에 휩싸인다. 일단 평화를 위해 조약을 받아들이고 점차 개선해 나가자는 형 테디는 처음부터 완벽한 자유를 얻지 못한다면 무의미한 것이라며 비타협적인 투쟁을 주장하는 데이미언의 사형을 집행하게 된다.

조폭의 장물 위에 만들어진 '젠틀맨'

〈골든 에이지〉
〈인도로 가는 길〉
〈보리밭을 흔드는 바람〉

21세기 초입에 선 우리 세대가 20세기 세계 패권자였던 미국의 헤게모니 쇠퇴를 생생하게 목격하고 있다면, 한 세기 전 세계인들은 '대영제국'의 눈부신 광채에 가려진 몰락의 기미를 미처 눈치 채지 못하고 있었다. 1918년 1차 대전(기실 그것은 '세계대전'이라기보다 유럽의 제국주의 국가들끼리 치고받은 '유럽내전'이었다)이 끝났을 때 세계제국 영국은 영토상으로 지구 면적의 4분의 1, 그리고 인구 규모로 볼 때도 당시 인류의 25%에 해당하는 약 5억 명을 자신의 신민으로 포괄하고 있었다. 이처럼 겉보기에 최전성기를 구가하는 것 같았지만, 그러나 영국은 이미 재정 파탄 상태에 처해 있었고 제국의 위용을 과시하고자 기획된 런던의 세계박람회는 차라리 그 종말이 미리 추억된 기념식장이 된 셈이었다. '해가 지지 않는 나라'의 지배층은 이제 석양의 노을을 바라보며 '지지 않는 해란 없다'는 사실을 고통스럽게 자각하지 않으면 안 되었다.

후진적인 일개 섬나라 영국이 거대한 제국을 향해 옮긴 첫걸음은 유럽의 정복자 선배격인 스페인이 '신대륙' 에서 원주민들을 혹사해 갈취한 감자와 담배와 금붙이를 약탈하는 것이었다. 말하자면 '대영제국' 은 조폭의 장물 위에 만들어진 것이었으니, 태생적으로 '젠틀맨' 이라는 우아한 이미지와는 어울릴 수 없는 것이었다. 그럼에도 불구하고 훗날 영국 시인 키플링이 다른 대륙의 야만인들을 문명화시켜야 할 '백인의 의무' 운운한 것은 비극적인 아이러니가 아닐 수 없었다.

중동의 강자이던 오스만제국이 유라시아대륙의 육로를 통제하는 바람에 길이 막혀 바다를 무대로 세계를 주름잡으면서 패권경쟁의 선두에 선 나라는 16세기의 포르투갈과 스페인이었다. 이후 포르투갈을 합병한 스페인은 새로운 강자로 떠오른 네덜란드, 그리고 그 뒤를 바짝 추격해 온 영국과 17~18세기 동안 치열한 해상투쟁을 벌이게 된다. 결국 19세기에 이르러 프랑스를 따돌린 영국이 최종 승자가 되고, 새로운 영토와 자원을 강제력으로 확보한(스페인과 포르투갈) 바탕 위에 제국주의적 무역제도를 강요한(네덜란드와 영국) 세계자본주의체제가 명실상부하게 성립된 것이다.

1588년, 엘리자베스 여왕의 군대가 스페인의 '무적함대' 와 싸워 이겼을 때 그 전투 자체가 영국에게 결정적인

9장
대영제국

역사적 전환점이 된 것은 아니었다. 더 이상 바다에서 한갓 노략질이나 일삼는 하찮은 섬나라만은 아니라는 인식을 심어주는 정도에 불과했다. 또한 그 전투에서 패배한 스페인에게도 그 치욕적인 사건이 아메리카대륙에 광대한 '신천지'를 무력으로 개척한 에스파냐제국의 종말을 뜻하는 것은 아니었다.

제국의 융성을 뒷받침해 줄 견실한 국내 공업이나 상업의 발달 없이 그저 식민지에서 쏟아져 들어오는 풍성한 금과 은만으로도 이베리아반도의 중세풍 제국주의자들은 한참 동안 흥청망청 사치를 누릴 수 있었기 때문이다. 그럼에도 불구하고 그 뱃놈들의 결투는 이후, 그러니까 17세기에 해상 패권을 두고 벌어질 치열한 국제적 싸움의 향방을 예고하는 서곡이었다고 할 수 있다. 그리고 그 서곡의 연주자가 바로 엘리자베스 1세였던 것이다.

정치적 구호가 된 '미지의 땅' '찬란한 도시'

영화 〈골든 에이지〉(세카르 카푸르 감독, 2007)에서 엘리자베스 1세(케이트 블란쳇 분)는 한 남자의 사랑을 갈구하는 여인, 정치적 결단을 내려야 할 전쟁에서 남자들을 지휘해야 하는 전사, 그리고 한 나라의 운명을 책임져야 하는 여왕이라는, 갈등하는 다중적 역할 속에서 고뇌하는 인간의

스페인, 네덜란드, 영국 등이 바다를 무대로 세계를 주름잡으면서 패권경쟁을 벌이던 17세기, 영국여왕 엘리자베스 1세의 생애를 그린 〈골든 에이지〉는 고독한 여왕이 어떻게 제국의 기틀을 세워 나가는지를 헐리우드식 포장술로 담아내고 있다.

이미지로 그려진다.

장면이 바뀔 때마다 화려하기 그지없는 의상과 보석으로 온몸을 휘감은 그녀는, 자신이 가장 총애하는 시녀 베스(에비 코니쉬 분)와 여왕의 신분을 무릅쓰고 특별히 애틋한 감정을 표현했던 야성적인 남자 월터 라일리(클라이브 오웬 분)의 배신에(여왕 몰래 그 둘이 사랑을 하고 베스가 임신하게 된 걸 알고 엘리자베스는 치를 떨며 분기탱천하고) 눈물 흘린다. 그리고 음모와 술수가 난무하는 궁정에서 결국 스페인의 사주를 받아 '반역자'가 되는 사촌 메리 스튜어트(사만다 모튼 분)를 처형하는 악역을 맡게 된다. 그럼에도 불구하고 엘리자베스 1세는 고독하게 자신에게 주어진 역사적 역할을 훌륭히 소화하고 제국의 기틀을 놓는다는 설정은 익히 알려진 할리우드 클리셰이다. 여기에서 역사적 사실은 드라마의 극적 재미를 위해 기꺼이 변조되어도 무방한 것처럼 보인다.

할리우드에서 유럽 제국주의가 문화적으로 포장되는 전형적인 방식은 역사적 사건의 의인화, 다시 말해 특정한 상황에서 영웅으로 비약하는 주인공의 심리적 갈등과 그녀를 둘러싼 멜로드라마에 심취하기라고 할 수 있다. 사건의 전후 맥락이나 무대에 등장하는 인간 군상의 정치적·이념적 배경에는 무심한 관객 대중은 바로 그런 스크린의 문화정치학에 쉽게 포섭된다. 월터 라일리라는 해적이 스페인의 배에서 훔쳐낸 선물 따위에 눈이 팔리고, 그 허풍쟁이의 과장된 수사에 홀려 "당신의 바다는 영원함으로 다가와 인간은 하찮은 존재에 불과하게 된다"며 그의 품에 안기고 싶다는 여왕의 고백은 얼마나 진솔하고 낭만적인가. "우린 운명 앞에 미약한 한낱 인간일 뿐"이라는 토로 또한 그녀의 나약함을 증명하기보다 보통 사람들과 동화될 수 있는 위대한 영웅의 인간적 고뇌를 표현하는 것으로 비쳐진다.

하지만 할리우드의 포장술은 그 자체로서 자신의 은밀한 욕망을 온전히 숨기지는 못한다. 아니 멜로라인이라는 당의정 속에 그 정치적 욕망을 살짝 숨겨 놓았지만, 그것은 비서구권 관객이 그것을 찾기 위해 스무고개를 해야 할 정도로 꼭꼭 감추어 놓은 것이 아니기 때문에 주인공들

〈골든 에이지〉
〈인도로 가는 길〉
〈보리밭을
흔드는 바람〉

의 대사에서 쉽게 드러나고 만다. 한낱 해적에 불과했으나 현란한 화술과 대담한 제스처로 여왕의 환심을 사는 데 성공한 월터 라일리가 "미지의 땅에 찬란한 도시를 건설하겠다"는 야심을 발설했을 때, 그리고 여왕이 마치 집안에 애완견 한 마리를 들여오듯 "원주민 하나 키우고 싶다"고 말했을 때, 서구인들의 어처구니없는 교만과 벌거벗은 제국주의적 욕망은 가감 없이 드러나고 있다.

유럽의 역사·문화적 풍토에서 '미지의 땅'과 '찬란한 도시'는 기독교 성경에 기원을 둔 종교적 암호이자 정치적 구호라고 할 수 있다. 그것은 자신들이 잘 알지 못하는 문명권, 자신들과 적대하는 인간집단에 대한 무자비한 전쟁과 정복 사업을 '신의 축복' 하에서 추진하겠다는 야심을 내포하는 주문(呪文)과도 같은 것이다. 15세기 말~16세기 초반에 포르투갈과 스페인이 시작한 아메리카 정복전쟁이 여실히 보여준 것처럼, 그들에게는 미지의 땅일지라도 이미 원주민들이 거기에서 수천 년 동안 살아왔다는 사실을 애써 무시하고, 저 높은 언덕 위에 '찬란한 도시'를 이루기 위해서는 그 땅에 대대로 존속하던 문명을 잔인하게 약탈하지 않으면 안 되었기 때문이다.

반면, '무적함대'의 신화에 도취되어 '사탄의 노예'가 된 영국을 구원해야 한다는 성전(聖戰) 관념에 집착하는 스페인의 필리페 2세는 당시 정점에 선 제국의 오만을 상

징하는 인물이다. 합스부르크 왕가가 지배하던 당시 스페
인은 종교개혁 이후 프로테스탄트(개신교)가 확산되어 가던
유럽에서 카톨릭을 수호하고자 앞장섰던 종교적·정치적
반동의 보루였다. 따라서 스페인이 카톨릭을 신봉하던 스
코틀랜드 여왕 메리를 부추겨 엘리자베스를 권좌에서 끌어
내리고자 음모를 꾸몄던 것은 그들로서는 당연하고도 반드
시 필요한 정치 사업이었다. 하지만 그들의 어설픈 음모는
성공하지 못했다. '스페인의 온 숲을 벌목해서 만든 가장
위대한 함대'도 속도와 기동성이 탁월한 영국의 신형 전함
에 박살나고 말았다.[1]

신의 종자(從者)를 자처했으나 겸손과 자비가 아니라
광기 어린 정복욕에 사로잡힌 필리페 2세의 야망은, 종교
전쟁의 외피를 둘러쓴 패권경쟁의 소용돌이에 휩쓸린 무
모한 지도자의 자기충족적 예언에 바탕을 둔 것이었다. 그
가 메리의 처형 소식을 듣고 "신도 자식도 없는 사생아의
손에 믿음의 여인이 죽었노다. 그리스도의 군내를 모집하
라"고 지시하는 대목은 교황의 사제로서는 충성스런 기사
도 정신의 발로라고 할 수 있었다. 그리고 그것은 1648년
베스트팔렌 조약 이전 유럽의 국가 지도자가 무엇을 전쟁
명분으로 삼았던가를 보여주는 전형적인 사례라고 할 수
있다.

스페인 이후 근대 제국간 전쟁은 더 이상 종교라는,

1) 스페인 '무적함대'의
침몰에 관해서는 중국
CCTV 다큐멘터리 〈대국
굴기〉 제작진, 《대국굴기:
강대국의 조건: 포르투
갈·스페인》(안그라픽스,
2007), 203~208쪽 참조

〈골든 에이지〉
〈인도로 가는 길〉
〈보리밭을
흔드는 바람〉

고상하지만 극히 사악한 음모를 감추고 있던, 외투가 아니라 적나라한 경제적 탐욕의 추구를 '문명화'로 위장하는 것이 되었다.

근대국가로 거듭난 해적왕국

명예혁명(1688)과 권리장전(1689)을 통해 영국에서 왕권에 대한 의회주권의 우세가 확립되고 왕은 '의회 안의 국왕(King in Parliament)'으로 그 권능이 제한되었다. 이제 카톨릭교도는 왕으로 취임할 수 없게 되었고, 왕은 의회의 동의 없이 시민들에게 과세할 수 없으며, 근대 자유민주주의의 기본 권리로서 출판, 언론, 양심의 자유 등이 사회적으로 확대되었다. 그리고 명예혁명 이후 의회를 장악한 지주층은 농업의 상업화와 해외 식민지무역에 적극 참여함으로써 영국을 부르주아사회로 만드는데 주도적으로 기여했다. 다른 한편, 카톨릭을 신봉하던 제임스2세를 내쫓고 네덜란드의 왕 오라네 빌렘 1세를 초빙한 명예혁명은 잉글랜드가 당시 자신보다 훨씬 우수한 재정체계를 가진 네덜란드의 선진 사업 방식을 효과적으로 학습할 수 있는 기회를 주었다.

18세기 초반 스코틀랜드와 통합한(1707) 잉글랜드는 이 시기 국제적으로 향신료 무역보다 직물교역이 더욱 큰

시장을 갖게 되는 행운까지 누림으로써 네덜란드를 제치고 이후 동아시아에서 영국여왕의 '왕관에 박힌 보석' 인도를 차지하게 되었다.[2]

강력한 해군력에 더해 우수한 재정 능력까지 갖추게 된 과거의 해적왕국은 이제 질적으로 새롭게 태어난 근대국가가 되었다. 그리고 그 근대국가의 내부 에너지는 해외 식민지 개척이라는 외부 윤활유를 절실하게 필요로 하였다. 반면, 이 시기 인도는 거꾸로 쇠락의 길을 걷고 있었다. 향후 심대한 역사적 의미를 갖는 두 문명권의 본격적인 접촉이 다가오고 있을 때 불행하게도 동양의 찬란한 문명은 내리막길에 들어섰던 것이다. 대전환이 이루어지기 직전, 그러니까 1700년 시점에서 무굴제국의 영토였던 인도의 인구는 당시 영국 인구의 20배나 되었다. 그리고 당대 세계 총 생산량에서 인도가 차지하는 비중은 어림잡아 24퍼센트 (즉 세계 총생산의 약 4분의 1)에 달함으로써 불과 3퍼센트 남짓했던 영국의 그것과는 감히 비교할 수 없을 정도로 압도적이었다.

하지만 18세기 중반에 이르러 무굴제국에서는 부족들이 이탈하고 무정부상태에 가까운 내란상황으로 빠져들면서 황제는 인도지역에 대한 지배력을 점차 상실하고 있었다. 이때를 틈타 영국의 동인도회사는 유럽식 무기로 무장한 수비대와 인도용병을 체계적으로 조직, 배치함으로써

2) 17~18세기 영국 정치경제체제의 변화 과정과 그 시기 제국주의적 태도를 표현한 '문명화의 사명'에 관해서는 케네스 O. 모건 엮음, 영국사학회 옮김, 《옥스퍼드 영국사》(한울아카데미, 1997) 제6, 7장 참조.

〈골든 에이지〉
〈인도로 가는 길〉
〈보리밭을
흔드는 바람〉

'그들만의 자유무역'에 대한 강력한 무장 보위수단을 갖추게 되고 '왕국 안에 만들어진 또 다른 왕국'으로서 군림하게 되었다. 네덜란드와 영국의 동인도회사는 단순한 무역회사가 아니었고, 현지인들과는 물리적으로 명확히 분리된 자체 주거구역과 회사 소속 외교관뿐만 아니라 자체 군대까지 보유한, 사실상 식민지 총독부나 다름없었다. 아니, 그 본래 목적인 경제활동에도 열성적으로 종사함으로써 그것은 나중에 발전된 근대 제국들의 총독부보다 더욱 광범위한 활동영역을 가진, 정치·경제 융합조직의 면모를 띠었다고 할 수 있다.

초기에 개별 토후국들에 자문관을 파견하는 방식으로 간접통치를 하던 영국은 19세기 중엽이 되면 직할 통치령 인도를 더욱 확대하면서 1857년 세포이반란 이후 직접통치제도를 택하게 된다. 20세기 전반기까지 본토에서 충원된 약 500~1000명의 영국인 문관들이 각 지방에 파견되어 일반 행정과 사법제도의 운용은 물론 세금 징수에 이르기까지 거대한 인도인들을 전제적으로 다스렸다. 방대한 제국을 통치한 이들 영국 관리들은 대체로 본토에서는 우수한 교육을 받고 임용시험을 치러 선발되었지만, 자신들이 근무하게 된 토착 환경과 문화에 대한 전문지식을 갖고 있지는 못했다. 따라서 그들이 현지에서 발생하는 각종 사회경제 문제들의 배경과 원주민들의 관습에 대한 무지로

인해 사태 해결에 자주 곤란을 겪게 된 것은 당연한 결과였
으며, 그러한 무능력을 빈번한 무력행사로 감추고자 했던
것이다.[3]

진짜 인도? 알 수 없는 동양?

영화 〈인도로 가는 길〉(1984)은 바로 그런 영국인 식
민지 관료 중 한 명이었던 로니와 그의 약혼녀 아델란(주디
데이비스), 그리고 그의 어머니 무어 부인(페기 애쉬크로포트)
이 인도여행 중에 겪게 된 일련의 사건들을 다루고 있다.
이미 〈닥터 지바고〉〈아라비아의 로렌스〉 등 스케일이 큰
시대극에 장기를 보여준 바 있는 데이빗 린 감독의 이 영화
는 영국 작가 E.M. 포스터의 소설(1924년작)을 스크린에 옮
긴 것으로, 당대 서구인들의 동양관, 제국주의 시대 동서
문명의 만남과 오해와 충돌이 어떤 방식으로 이루어졌는지
를 살펴보는데 유용한 필름이라고 할 수 있다. 이 영화에서
도 에드워드 사이드가 파헤친 문제의 '오리엔탈리즘'이 여
기서기서 표현되고 있음은 물론이다.

인도 현지 영국인 관료집단의 우두머리인 터튼과 그
의 부인이 자신들의 왕국을 건설해서 피부색이 거무튀튀한
'신민들'을 안하무인으로 통치하는 행태, 로니가 그 하수
인으로서 충실한 판사 노릇을 하는 대목은 식민지에 세워

진 전제체제의 실상 그대로이다. 영국의 국가(國歌)가 연주
될 때 모두 차렷 자세를 취하면서 그 체제에 머리를 조아리
며 '영국인들을 존경한다' 고 말하는 인도인들의 모습 또한
서구인들의 동양에 대한 우월적 태도를 피통치자들 스스로
내면화한 사례로 볼 수 있다. 강압적인 식민통치라 할지라
도 처음부터 끝까지 폭력으로만 유지될 수는 없고, 그것을
정당화하는 이념과 인식의 체계를 만들어내 원주민들에게
일상적으로 퍼뜨림으로써 사회·문화적 헤게모니를 확보
할 수 있을 때 그 통치는 보다 안정적으로 유지될 수 있는
것이다.

무어 부인과 약혼녀 아델란이 "진짜 인도의 모습을
보고 싶다"고 우기면서 터튼과 로니 부류와는 다른 방식으
로 인도를 대하고자 하는 태도는 얼핏 관료들의 그것과는

대립되는 것으로 보인다. 하지만 사실 그것은 서구인들이 동양을 보는 두 개의 시선 중 하나라고 할 수 있다. 두 여인은, 인도인들을 함부로 대하면서 현지 문화를 이해하려는 의지도 없이 한낱 본토에서 유행하던 싸구려 취미생활에 몰두하는 관리들을 속으로 경멸한다. 그리고, 자신들이 존경할 만한 무언가 다른 것이 있을 것이란 기대(그것은 일종의 환상이다)로 인도를 여행하고자 한다.

그러던 어느 날, 홀로 자전거를 타고서 한적한 숲 속에 다다르게 된 아델란은 남녀의 야릇한 성행위를 묘사하고 있는 다양한 모양의 조각들로 가득한, 방치된 유적을 발견하게 된다. 어쩌면 그곳은 아델란 자신이 그토록 보고 싶어했던 '진짜 인도'의 한 부분일 수도 있었지만, 거기에서 그녀는 말할 수 없는 공포에 사로잡힌 채 원숭이들에게 쫓겨 숙소로 돌아오고 만다. 나중에 인도인 의사의 안내로 구경하게 된 동굴에서 무어 부인이 느꼈던 현기증, 그리고 아델란이 또 다른 동굴 속에서 감내하기 힘든 낯선 분위기와 감정에 사로잡혀 도망치는 장면은 서구인들의 '알 수 없는 동양, 합리적으로는 이해할 수 없는 동양'이라는 이미지에 부합하는 것이라고 할 수 있다.

결국 무어 부인은 갠지스강의 달밤으로 신화처럼 이끌려 들어감으로써 생의 종말을 맞이하고, 아델란은 법정에서 자신에 대한 강간혐의로 피소된 인도인 의사의 무죄를 뒷받침하는 증언을 함으로써 영국인들 사이에서 '미친 여자'로 취급받는다. 제국의 식민통치는 단지 정치체제와 행정구조만 억압적이거나 비합리적인 것이 아니라 그 속에서 주인과 노예 노릇을 하는 사람들은 물론 일시적인 여행자마저도 이성과 감정이 전도되어야만 '정상인'으로 대접받을 수 있는 체제임을 은유하는 장면으로 해석할 수 있을 것이다.

어떤 혁명이냐, 다시 피할 수 없는 전쟁으로

영화 〈**보리밭을 흔드는 바람**〉(2006)은 그처럼 뒤집혀진 제도를 바로 잡으려는 식민지 젊은이들의 비장한 투쟁을 그린 켄 로치 감독의 작품이다. 19세기 초에 영국이 아일랜드를 병합한 지 한 세기가 훨씬 지난 1920년, 젊은 의사 데이미언은 이제 막 런던에서 새로운 인생을 시작하고자 기차역을 떠나려다 영국군의 폭압으로 친구 미하일이 목숨을 잃는 현장을 목격하게 된다.

1950년대 프랑스 식민지였던 알제리에서 병원을 떠나 반제무장투쟁에 뛰어들었던 프란츠 파농처럼, 쿠바혁명의 성공(?) 이후에도 멈출 수 없는 혁명의 대열에 자신의 여생을 바친 체 게바라처럼, 데이미언 또한 당대 사회에서 무엇보다 절박한 정치적 질병인 식민주의를 청산하

아일랜드 청년들의 항영(抗英) 무장투쟁을 그린 〈보리밭을 흔드는 바람〉은 어떤 혁명인가를 되묻는 '좌파' 감독 켄 로치의 엄정한 현실주의가 잘 드러나 있다.

기 위한 투쟁에 온몸을 바치기로 결심하는 것이다. 하지만 그의 투쟁 여정은 순진한 크리스를 밀고자라는 이유로 처형해야 하고, 아일랜드의 자치와 완전 독립 문제를 놓고 형 테디와 서로 다른 정치적 선택을 해야 하는 고통스러운 과정이다.

이렇듯 〈보리밭을 흔드는 바람〉에서 아일랜드 청년들의 항영(抗英) 무장투쟁은 낭만적으로 그려지거나 정치적으로 미화되지 않고 그 속에 어찌할 수 없는 모순과 갈등을 내장한 사회적 비극으로 묘사된다. 바로 여기에 좌파 감독 켄 로치의 '혁명과 해방'에 관한 엄정한 현실주의가 드러나 있다.

제국주의의 억압과 착취로부터 해방을 향한 식민지인들의 저항투쟁이 그 성과를 얻기 시작하는 바로 지점에

서 새로운 사회를 어떻게 만들어 나갈 것인가의 문제에 부
딪히고, 그것이 권력의 문제로 귀결될 때 결국 민중에 대한
약속을 배반하는 것으로 끝나는 것이 아니냐는 강렬한 질
문을 제기하고 있기 때문이다. 이 영화를 통해 감독은 정의
를 구현하는 최후의 경로로서 혁명을 반대하는 것이 아니
라 결국 어떤 혁명이냐가 문제라는 생각에 천착하고 있는
것으로 보인다. 식민지 민족해방운동은 그 자체로서 독립
운동임과 동시에 사회혁명이기 때문에 양자는 초기에 서로
같은 길을 걷는 과정이지만, 결국 '이후 어떤 사회를 만들
것인가?' 를 두고 치열한 내부 갈등을 피할 수 없는 전쟁이
었다는 것이다.

　　이처럼 '해방과 혁명의 정치학' 이 잔인하리만치 냉
정하게 드러나는 것은 단지 아일랜드에서 뿐만은 아니다.
1917년 러시아혁명에 뒤이어 '붉은 군대' 와 백위군이 맞서
싸운 3년간의 처절한 내전, 그리고 1945년에 일제로부터
벗어난 한반도의 남북이 바로 5년 후에 미국과 중국이(그
리고 비공식적으로 소련까지) 개입한 '국제적 내전' 으로
발전한 사태 또한 정확히 같은 맥락이었으며, 이후 그러한
상황은 베트남에서 여실히 재현되었다.

기원전	55~54년	로마제국 카이사르의 브리타니아 원정
	34~26년	로마 침입 시기 브리타니아의 정치·경제 변화
기원후	122년	로마제국 하드리아누스 황제, 브리타니아 성벽 구축 시작
	296년~	브리타니아, 로마제국에 속한 4속주 중 하나인로마관구로 됨
	409년	브리타니아에서 로마 지배의 종말
	1066년	노르망디의 윌리엄공이 잉글랜드 왕으로 즉위
	1169~72년	잉글랜드의 아일랜드 공격 시작
	1215년	대헌장, 잉글랜드 내란
	1296년	에드워드 1세의 스코틀랜드 침입
	1337~1453년	프랑스의 왕위계승 문제 둘러싸고 프랑스와 백년전쟁
	1394~95년	리처드 2세의 아일랜드 원정
	1509년	헨리 8세 즉위
	1536년	잉글랜드와 웨일즈 통합
	1558년	엘리자베스 1세 즉위
	1588년	에스파냐의 '무적함대' 격파
	1620년	순례시조들(Pilgrim Fathers), 뉴잉글랜드로 종교 이민 시작
	1649년	찰스 1세 처형, 영국이 공화국으로 됨.
	1655~60년	에스파냐와 전쟁
	1665~67년	2차 네덜란드 전쟁
	1672~74년	3차 네덜란드 전쟁
	1688년	'명예혁명' (오렌지공 윌리엄이 윌리엄 3세로 메리와 즉위)
	1689년	권리장전(입헌군주정)
	1707년	잉글랜드와 스코틀랜드 통합
	1756년	7년 전쟁(영국, 프로이센 연합, 프랑스, 오스트리아, 에스파냐)
	1757년	인도 벵골에서 영국군 승리
	1776년	미국 식민지 독립선언
	1801년	아일랜드 합병
	1815년	워털루 전투에서 나폴레옹에게 승리
	1834년	영제국에서 노예제 폐지, 교구별 구빈원 설치
	1854~56년	러시아와 크리미아전쟁

〈골든 에이지〉
〈인도로 가는 길〉
〈보리밭을 흔드는 바람〉

1840~58년	1, 2차 아편전쟁 승리로 중국 침탈 가속화
1857~58년	인도 식민지인들의 세포이항쟁, 영국의 직접통치 시작
1867년	캐나다 자치령법
1876년	빅토리아 여왕이 인도의 여황제임을 선언
1882년	이집트 점령
1896~98년	수단 정복
1899~1902년	2차 보어전쟁
1914년	유럽(1차) 대전 참전
1931년	재정위기와 파운드화의 지불 청구 쇄도, 금본위제 포기
1939년	영국-폴란드 협정, 영제국, 독일에 선전포고(9월 3일)
1942년	싱가포르 상실
1943년	영국군과 미국군의 파시스트 이탈리아 침공
1945년	2차 대전 종전
1947년	인도, 파키스탄, 버마 독립
1954년	이집트로부터 영국군 철수
1997년	중국에 홍콩 반환(7월 1일)

9장
대영 제국

10장

광포한 암흑의 시대, 독일과 일본의 파시즘

피아니스트 The Pianist ' **로만 폴란스키** 감독, 2002

1939년 폴란드의 바르샤바. 유명한 유대계 피아니스트 스필만은 인기 라디오 프로그램에서 쇼팽의 야상곡을 연주하던 중 라디오 방송국이 폭격을 당한다. 유대인 강제 거주지역인 게토에서 생활하던 스필만과 가족들은 나치 세력의 확장으로 죽음으로 가는 기차에 탑승하게 된다. 그러나 기차에 오르려는 찰나, 유명한 피아니스트인 그를 알아본 군인들이 그를 내리게 한다. 홀로 살아남은 스필만은 폭격으로 폐허가 된 어느 건물에 은신처를 만든다. 극심한 고통과 외로움 속에서 자신을 지켜주던 사람들도 하나둘씩 떠나간다. 그러던 겨울. 우연찮게 순찰을 돌던 독일 장교에게 발각된 스필만은 신분을 대라고 요구하자 자신이 피아니스트였음을 말하고 연주를 명령하는 독일 장교 앞에서 마지막이 될 수도 있는 연주를 위해 손가락을 움직이기 시작한다.

더 리더 - 책 읽어주는 남자 The Reader ' **스티븐 달드리** 감독, 2008

10대 소년 마이클은 열병으로 심한 구토를 일으키고 그를 우연히 본 30대 여인 한나의 도움을 받게 된다. 마이클은 감사 인사를 청하기 위해 그녀를 찾아가고 두 사람은 강한 끌림을 느끼며 연인이 된다. 한나는 마이클과 관계를 갖기 전 항상 책을 읽어 달라고 한다. 〈개를 동반한 여인〉〈오디세이〉 등 마이클이 한나에게 읽어주는 책의 수가 늘어갈수록 둘의 사랑도 더욱 깊어간다. 그러던 어느 날, 한나는 아무 말 없이 그의 곁에서 사라진다. 8년 후, 법대생이 된 마이클은 재판에 참관했다가 피고인 신분의 한나를 보게 된다. 그녀에게 어떠한 도움도 줄 수 없는 안타까움에 답답한 마이클. 그는 모든 죄를 인정하고 무기징역을 선고 받은 한나와 다시 헤어져야만 했다. 그리고 마이클은 10년 동안 책을 읽은 녹음테이프를 보내며 인연의 끈을 놓지 않으려 한다.

이오지마에서 온 편지 Letter From Iwojima ' **클린트 이스트우드** 감독, 2006

이오지마 섬에 닥친 위기를 해결하기 위해 새로 파견된 쿠리바야시는 해안 요새를 버리고 섬에 터널을 팔 것을 명령한다. 시미즈는 사에고의 연대에 새로 파견되어 합류하지만 연대원들은 시미즈를 헌병대가 보낸 스파이라고 생각한다. 수리바치가 함락되자, 아다치는 쿠리바야시에게 연대원들과 모두 자살할 것을 요청하나, 쿠리바야시는 오히려 그에게 현장에서 철수해 북쪽 동굴의 군대와 합류하라고 명령한다. 명령을 어긴 아다치와 연대원들은 자살을 감행하고 시미즈와 사에고는 도망쳐 북쪽 동굴까지 찾아간다. 이토는 이 둘을 동료들과 함께 죽지 않고 도망친 비겁한 자들이라며 죽이려 하나 쿠리바야시는 이들의 목숨을 구해준다. 식량과 무기가 바닥이 나 상태에서 벌어진 최후의 전투에서 모두 죽고, 홀로 살아남은 사에고는 미군에 의해 후송된다.

라스트 사무라이 The Last Samurai ' **에드워드 즈윅** 감독, 2003

미국 북군의 명예를 중시하던 장교 알 그렌은 인디언 학살에 동참하면서 인생의 의미를 잃는다. 서구 열강의 신문물에 한껏 매료된 일본 제국의 젊은 황제가 신식 군대 조련을 위해 알 그렌을 초빙한다. 하지만 황제의 측근에 의해 훈련도 안 된 병사들과 전투에 나섰다가 사무라이의 포로가 된다. 사무라이의 지도자 카츠모토는 알 그렌을 치료하고 목숨을 살려준다. 부상이 치료되면서 알 그렌은 사무라이 마을에서 지내게 되는데 사무라이의 명예와 용기, 인내, 희생 등의 전통적 가치에 감동하고 그들과 동질화 되어 가는 자신을 보게 된다. 서구화를 앞당기기 위한 황제의 측근들은 음모를 꾸민다. 황제의 총과 대포로 무장한 신식 군대와 사무라이 군대와의 전투에서 혼자 살아남은 알 그렌은 카츠모토의 검(劍)을 황제에게 전해준다.

야수로 전락한 영장(靈長)의 극단적 일탈

〈피아니스트〉
〈더 리더〉
〈이오지마에서 온 편지〉
〈라스트 사무라이〉

지나간 20세기가 우리에게 남긴 심각한 질문 가운데 하나는 과연 인간사회에서 진보란 무엇인가 하는 것이다. 일찍이 그 이전 세대들이 누려보지 못했던 물질적 풍요와 개인의 자유를 얻게 되었을 뿐만 아니라 심지어 지구라는 별을 떠나 달나라까지 탐색하게 된 호모 사피엔스는 그 종(種)의 역사에서 신기원을 연 것이 분명하다. 그러나 다른 한편, 20세기는 '이성적 동물'로서 만물의 영장임을 자처해온 인간이 너무나 쉽게 광포한 야수의 수준으로 떨어질 수 있음을 극명하게 보여준 암흑의 시대이기도 했다. 세계대전이라 불린 두 차례의 상호 파괴와 살육은 그 규모와 잔인성에서 앞선 시대의 모든 경험을 능가하는 것이었으며, 지금도 그 깊은 상처가 다 아물지 않았다. 2차 대전 기간에 유럽에서 파시스트 집단이 기획하고 수많은 독일인들이 동조하는 가운데 수백만의 유대인이 당해야 했던 인종말살 정책은 그 대표적인 사례라 할 것이다.

파시즘이라는 현상에 대해 히틀러라는 한 성격 파탄자의 정치적 광란이나 민족주의에 대한 독일인들의 맹목적 열광, 또는 유대인들의 불행한 역사라는 식으로 접근하는 것은 매우 단편적인 이해라고 할 수 있다. 왜냐하면 파시즘은 히틀러와 무솔리니와 같은 특정한 정치가들의 전유물이 아니었으며, 고유하게 독일적인 현상만도 아니었고, 유대인이 아닌 다른 민족도 얼마든지 그 희생자가 될 수 있었기 때문이다.

1930년대까지 그 뿌리가 깊지 않았던 유럽의 민주주의 체제가 정치·이데올로기적으로는 1917년 이후 러시아 볼셰비즘의 공포, 그리고 경제·사회적으로는 1929년 이후 대공황이라는 파탄 상황으로부터 연유한 충격을 견뎌내지 못하고 무너진 곳에서 새로운 사회적 대안으로 부상한 것이 바로 파시즘이기 때문이다. 따라서 이탈리아와 독일의 파시즘은 유럽 근대사에서 누구도 상상할 수 없었던 정치적 일탈이 아니라 당시로서는 '정상적인' 사태 발전의 귀결이었다고 할 수 있다. 바로 그것이 독일의 바이마르공화국과 스페인의 제2공화정을 책임진 자유주의자들과 온건 사회주의자들이 패배하고 반대로 파시스트 운동과 정권이 그토록 많은 사람들의 지지 또는 묵인을 얻었던 이유라고 할 수 있다.

정치적 일탈인가, 정상적 사태 발전인가

1) R. Griffin, ed., *Fascism* (Oxford: University Press, 1983), p.262

따라서 파시즘은 한편으로 당대 사회체제의 구조적 위기와 그 대안이라는 측면에서, 다른 한편으로는 그처럼 새로운 사회현상을 지지하고 수용한 사람들의 사회심리적 관점에서 평가할 때 전체적인 모습이 그려질 수 있다. 스탈린주의자들처럼 "파시즘은 노골적인 테러리즘 독재이며, 금융자본 가운데 가장 반동적이고 국수적이며 가장 제국주의적인 세력"[1]이라고 규정하는 것은 파시즘의 성격을 너무 정치적으로 도식화하는 것이다.

그와는 달리 무아지경에 빠진 수십만 군중 앞에서 열변을 토하는 광신적 지도자의 모습이나 입추의 여지없이 유대인을 실은 열차가 아우슈비츠의 가스실로 질주하는 장면이 파시즘을 대표하는 이미지로 각인되어 있는 현상 또한 문제를 적절하게 이해하는 것을 방해한다. 파시즘은 보다 복합적이고 구조적인 현상이었다.

이런 맥락에서 우리는 미국의 대표적인 파시즘 연구가인 로버트 팩스턴의 다음과 같은 정의를 이해할 수 있을 것이다. 기존에 수행된 수많은 파시즘론을 섭렵한 그는 파시즘이라는 특유의 정치행동과 그것이 확산된 사회현상의 배경과 특징, 목표를 이렇게 요약하고 있다.

"파시즘은 공동체의 쇠퇴와 굴욕, 희생에 대한 강박

2) 로버트 O. 팩스턴, 손명
희·최희영 옮김, 《파시
즘: 열정과 광기의 정치혁
명》,(교양인, 2005), 487쪽

적인 두려움과 이를 상쇄하는 일체감, 에너지, 순수성의 숭
배를 두드러진 특징으로 하는 정치적 행동의 한 형태이자,
그 안에서 대중의 지지를 등에 업은 결연한 민족주의 과격
파 정당이 전통적 엘리트층과 불편하지만 효과적인 협력관
계를 맺고 민주주의적 자유를 포기하며 윤리적·법적인 제
약 없이 폭력을 행사하여 내부 정화와 외부적 팽창이라는
목표를 추구하는 정치적 행동의 한 형태'라고 정의할 수
있을 것이다."[2]

2차 대전기에 겪었던 유대인의 희생이라는 소재가 서
구 영화계의 단골 메뉴 중 하나임은 익히 알려져 있다. 우
리가 기억할 만큼 가까운 시기에 상영된 작품들만 하더라
도 〈쉰들러 리스트〉(스티븐 스필버그, 1993), 〈인생은 아름다
워〉(로베르토 베니니, 1997), 〈더 피아니스트〉(로만 폴란스키,
2002), 〈더 리더: 책 읽어주는 남자〉(스티븐 달드리, 2008), 그
리고 〈바스터즈: 거친 녀석들〉(쿠엔틴 타란티노, 2009) 등을
들 수 있다.

영화라는 매체가 순수한 오락 또는 예술장르의 구현
수단이라기보다 이미 거대한 자본의 논리에 따라 움직인다
는 것, 그리고 유대인 출신의 탁월한 감독들이 막강한 영향
력을 행사하는 할리우드 영화계의 특수한 사정이 작용하여
전대미문의 사건을 계속하여 영상으로 변주해내고 있는 것
이다. 거기에다 미국과 이스라엘의 관계라는 국제정치학

의 논리까지 배면에 깔려 있을 것이라고 추정할 수 있다. '유대인은 희생자'라는 의식과 정서를 끊임없이 재생산하고 유포함으로써 현재 이스라엘이라는 나라에 대한 동정심을 유도하는 정치적 효과도 기대할 수 있기 때문이다.

따라서 우리는 유대인의 희생을 소재로 하는 많은 영화들을 볼 때, 아니 꼭 유대인만이 아니라 또 다른 인종이나 민족의 희생을 다룬 영화들을 볼 때 그것이 얼마나 인간 일반에 대한 휴머니즘의 정서와 상통하고 있는가를 눈여겨볼 필요가 있다. 가해자는 과거 세상에는 존재하지 않았던 악마이고, 희생자는 너무나 순결하고 정의로운 사람들이었다는 식의 앵글은 일시적인 분노나 애국심을 불러일으킬 수는 있을지언정, 역사를 직시하는 태도로 보기는 힘들다.

살아남은 자의 슬픔

영화 **〈더 피아니스트〉**(로만 폴란스키 감독, 2002)는 유대계 피아니스트 스필만(애드리언 브로디 분)이 1939년 파시스트 독일군의 폴란드 침공 이후 바르샤바에서 겪어야 했던 비참한 운명을 그린 한 편의 서사극이라고 할 만하다. 방송국에서 쇼팽의 야상곡을 연주하는 젊은 음악가가 극단적인 인종주의자들이 만들어 낸 생지옥에서 온갖 행운의 연속으로, 아니 너무나 '불운하게도' 살아남는 참혹한 여

폐허가 된 도시에서 고독하게 홀로 선, 한낱 흐늘거리는 지푸라기 같은 스필만의 뒷모습, 나치군이 마지막 발악을 하던 바르샤바 거리의 어느 건물 다락방에 숨어 가녀린 생명을 이어가던 스필만을 발견한 독일군 장교는 그 연약한 영혼이 자신의 신분을 밝히자 그에게 피아노 연주를 명한다.

정은 가히 짐승의 수준으로 떨어진 인간의 실존을 증거하는 장면으로서 대단히 인상적인 기록이다. '살아남은 자의 슬픔' 이야말로 진정 그에게 어울리는 수사(修辭)일 터. 부모형제 모두 살인가스실의 제물로 끌려가는 길에 우연히 '구제된' 그에게 대체 홀로 살아남는다는 것은 무엇을 뜻하는 것이었을까? 그가 정치가나 혁명가가 아니고 '순수한' 예술가였기 때문에 그 질문은 더욱 절실한 의미를 가진 것처럼 보인다.

폐허가 된 도시에서 고독하게 홀로 선, 한낱 흐늘거리는 지푸라기 같은 스필만의 뒷모습, 그리고 폭격에 무너지고 불타버린 건물의 잔해 속에서 한 모금의 물과 한 톨의 양식을 생쥐처럼 뒤지는 음악가는, 마치 세상의 가장 밑바닥으로 떨어져 민중이 된 예수의 형상을 하고 있다. 어쩌면

10장
파시즘

그것이 폴란스키 감독이 의도한 바인지는 알 수 없으나, 시궁창과 유황불 속에서야말로 인간 존재의 원초적 의미가 온전히 드러나게 되는지도 모른다. 만약 그러한 역설이 성립한다면 우리는 파시스트들의 '종교적' 기여를 인정해야 할 것인가? 폴란드 유대인 50만 명 중 6만 명만 목숨을 건졌다는 사실에는 '독일인들의 시대적 광기' 이상의 무언가가 숨어 있다고 보아야 할 것이다. 인간 심성의 어디쯤에 내재한, 그 한계를 모르는 사디즘은 오스트리아의 정신분석학자 빌헬름 라이히가 말한 바, 인류라는 동물이 가진 보편적 성격의 일단은 아닐까? 파시즘은 그 가학증을 정글의 야수처럼 해방시킨 기제였다는 사회심리학적 분석은 나름대로 설득력이 있어 보인다.[3] 그것은 독일군의 만행을 보는 또 다른 관점이기 때문이다.

도스토옙스키를 빌어 말하자면, 이 영화에서 감독은 '음악이 세상을 구원하리라'고 말하고 싶었던 것일까, 물어볼 수도 있겠다. 나치군이 마지막 발악을 하던 바르샤바 거리의 어느 건물 다락방에 숨어 가녀린 생명을 이어가던 스필만을 발견한 독일군 장교는 그 연약한 영혼이 자신의 신분을 밝히자 그에게 피아노 연주를 명한다. 스필만은 혼신을 다해, 그러나 마치 기다리고 있었다는 듯이, 떨리는 손가락으로 감동적인 연주를 마친다. 그리고 그는, 살아남았다. 독일군 장교는 몰래 먹을 것을 갖다 주면서, 언젠가

3) 빌헬름 라이히, 《파시즘의 대중심리》(그린비, 2006)

〈피아니스트〉
〈더 리더〉
〈이오지마에서 온 편지〉
〈라스트 사무라이〉 **217**

다시 그 연주를 듣고 싶다며 피아니스트의 이름을 묻는다. 하지만, 생명의 불꽃이 꺼져가던 음악가는 붉은 군대의 바르샤바 진군으로 살아남았고, 대신 '세계에서 가장 탁월한 인종'에 속한 장교는 소련군에 포로로 잡혀 가서 살아남지 못했다.

그 독일군 장교의 마지막 감상(感傷)을 감안한다면, 두 사람의 운명은 음악이 아니라 정치가 결정한 것이다. 파시즘의 발흥에 부정적인 외부적 계기로 작용했던 볼셰비즘이 파시스트들의 마지막 묘를 파버렸기 때문이다. 그럼에도 불구하고, 우리는 인간이 인간일 수 있는, 또는 인간이 그것의 일부인 자연과 교감하는 본래적 재능으로서 음악을 완전히 포기할 수는 없을 것이다. 예술이 끝내 세상을 구원하지는 못할지라도 인간의 야수성을 완화하는 희망의 도구가 될 수 있음을 부정하고 싶지 않기 때문이다. 때로 환상은, 극단적 현실에 대한 훌륭한 치유제가 되는 법이다.

거대한 사회악에 동참한 '착한' 사람

영화 〈더 리더: 책 읽어주는 남자〉(스티븐 달드리 감독, 2008)는 〈피아니스트〉의 주인공과 대척점에 선 한 인간—가해자의 내면 풍경을 그린 작품이다. 거창하게 '국가'와 '민족'의 구원을 내세운 지도자들이 아니라 독일의 보통 단지 일자리가 필요해 나치가 된 주인공 한나는 20년이 지난 뒤 부역 혐의로 법정에 섰다. 그동안 나온 대부분 영화가 피해자로서 유대인들의 처참한 운명과 그 속에서 피어난 눈물겨운 인간애를 그린 것들이었던 데 반해, 〈더 리더〉는 파시즘이라는 집단적 가학증에 합류한 사회 구성원의 개인적 동기를 조명하고 있다.

사람들이 어떻게 파시즘을 자신의 일상으로 수용하고, 저주받은 민족의 대량학살에 가담하게 되었는가를 보여주는 작품으로서 흥미롭다. 그동안 나온 대부분 영화가 피해자로서 유대인들의 처참한 운명과 그 속에서 피어난 눈물겨운 인간애를 그린 것들이었던 데 반해, 〈더 리더〉는 파시즘이라는 집단적 가학증에 합류한 사회 구성원의 개인적 동기를 조명한 것이라는 점에서 그 초점이 다른 것이다.

주인공 한나 슈미트(케이트 윈슬렛 분)는 무슨 대단한 신념이 있어서 잔인한 파시스트가 된 것이 아니다. 그녀는 어느 날 SS(나치 친위대원) 경비원을 뽑는다는 광고를 보고 단지 '일자리가 필요해' 지원했을 뿐이다. 그녀에게는 자신이 일하게 될 조직의 정치적 성격 같은 것에는 관심이 없었다. 루마니아 태생인 그녀는 독일이라는 나라에서 성실하게 자신의 직분을 수행하고 정기적으로 봉급을 받으면서 일상을 영위하면 되는 것이었다. 하필이면 1944년 겨울, 아우슈비츠로 가는 '죽음의 행진'을 함께 할 유대인들을 '보호'하는 수용소에서 매월 일정 인원을 '선발'하여 보내는 역할이었지만, 그것은 엄연히 자신의 직장이었고 그녀는 상부의 지시를 착실하게 따를 의무가 있었다. 더 이상 무엇이 필요했단 말인가?

나치가 그토록 증오해 멸망시키려고 했던 소련의 사회주의 군대가 오히려 베를린을 점령하고 히틀러가 지하 벙커에서 권총으로 자살한 지 한참이 지나, 다시 정상을 되찾은 독일이 평화로운 날들을 보내던 1966년 하이델베르크 법정. 이제 피고석에 앉게 된 한나 슈미트는 도대체 과거에 자기가 무슨 잘못을 했다는 것인지, 재판장의 질문을 정확하게 이해할 수 없었다.

폭격에 불타서 무너지는 교회당 건물을 밖에서 단단히 잠그고 그 속에 있던 유대인들을 도망치지 못하도록 감시했던 자신의 행위가 어째서 '유죄'란 말인가? 만약 그때 문을 열어주었더라면 유대인들이 무질서하게 도망치면서 발생했을 대혼란을 어찌했을 것인가? 자신은 수용소의 질서(!)를 지킬 책임이 있었다. 그런 상황에서 재판장이라면 어찌 했겠는가, 라고 그녀는 진지하게 묻는다. 일자리가 필요해서 새 직장을 구했고, 그 직장에서 자신에게 맡겨진 역할을 성실하게 수행했던 그녀는, 사건 발생 후 20여 년이 지나 진행되는 법정의 '정치적' 논리를 이해할 수 없었다.

너무나 '정직한' 한나는 또한 자신들이 과거 유대인의 선발 작업에 가담하지 않았다고 발뺌하는 옛 동료들의 행태가 어처구니없었다. 같은 직장에서 근무하던 6명이 각자 10명씩, 매월 60명을 선발하여 아우슈비츠로 보낸 것은 자신들의 당연한 일상 업무였는데, 이제 와서 그것을 부인하고 있는 것이다. 뿐만 아니라 그들이 입을 모아 그저 여러 직원 중 한 명이었을 뿐인 한나가 그 수용소의 유대인 선발 책임자였다고 사실을 날조하는 것이 아닌가? 마지막으로 재판장이 수용소에서 작성한 보고서의 서명자가 진짜 한나 슈미트였는지 사실 관계를 확인하기 위해서 그녀의 필적 감정을 시도하려 하자 그녀는 그만, 자신이 책임자였다고 '실토' 하고 만다. 왜냐하면 그때나 지금이나 그녀는 글씨를 읽을 줄도 쓸 줄도 몰랐던 사람이었고, 바로 그 사실이 탄로 날까 봐 너무나 부끄럽고 두려웠기 때문이다.

유대인 학실에 가담한 자신의 행위를 지극히 '정상적인 업무 수행' 이었다고 주장한 그녀가, 여러 사람들이 모인 법정에서 자신의 문맹이 드러나는 것은 죽기보다 싫었던 것이다. 그것이 아무리 대단한 사건이었다 할지라도 거창한 사회의 논리가 아니라 자신의 개인적 정체성과 존엄의

4) 한나 아렌트, 《예루살
렘의 아이히만: 악의 평범
성에 대한 보고서》(한길
사, 2006)

문제가 그 여인에게는 더욱 더 절실하게 느껴진 것이다. 어린 시절 그녀와 연정을 나누다가 이제는 법대생이 되어 그 재판을 참관하던 마이클이 차마 한나의 문맹 사실을 그때 재판부에 전하지 못한 비겁한 행위 또한 자신의 사생활 탄로라는 개인적 문제가 역사적 사건의 진실을 밝히는 사안을 압도한 심리의 발로였을 것이다.

한나 슈미트의 사례는, 보통 사람들, 심지어는 평소에 매우 착한 사람들의 의심 없는 생각과 행동이 거대한 사회악의 확산에 얼마나 효과적으로 기여할 수 있는가를 진지하게 보여준다. 유대계 정치철학자 한나 아렌트가 말한 바, '악의 평범성'[4]을 떠올리게 하는 경우라고 할 수 있다.

무기징역을 선고받고 20년이 넘게 감옥생활을 하고서도 한나는 자신의 직업이 무엇이었는지, 그 속에서 행한 자신의 행동이 얼마나 가공할 범죄였는지, 그 사회적 의미를 끝내 깨닫지 못했다. 대신 이번에도 매우 '성실하게' 노력함으로써 글을 깨치게 된 것이 너무나 대견하고 자랑스러웠다. 하지만, 모범수로서 석방에 즈음해 다시 만난 과거의 '꼬마 연인' 마이클 버그 교수가 자신을 따뜻하게 인간적으로 포옹하지 않고 스스로의 죄책감을 덜어줄 정도만큼만 '공식적으로' 선의를 베푸는 시선으로 대하는 것을 확인하고는 그만 절망에 빠져 자살을 선택하고 마는 것이다.

심리적 포로상태에 놓인 자의 마지막 선택

영화 〈이오지마에서 온 편지〉(클린트 이스트우드 감독, 2006)는 일본의 보통 젊은이가 태평양의 한 섬에서 어떻게 제2차 대전의 막바지를 겪어냈던가를 그리고 있는 작품이다. 이오지마(硫黃島)는 아시아에서 '대동아공영권 '을 외치며 전쟁을 일으킨 군국주의 일본이 점령한 작은 섬으로, 하와이의 진주만 공격으로 미국과 전쟁을 벌여 패색이 짙은 일본 육군에 의해 버림받은 곳이다.

이 영화는 일본인들을 주인공으로 한 작품이지만, 미국에서 만들어진 '외부자 시선' 으로 침략전쟁의 말기에 처한 일본인들의 정치심리를 드러내면서, 다른 한편으로 계속하여 전장(戰場)과 가족의 가치를 대비시키고 있다. 영화에서 두드러진 갈등의 축은 미국 유학파 출신으로 이 섬에 새로 부임한 쿠리바야시 사령관과 전통적인 사고방식을 고집하는 장교들의 대립이 하나이고, 빵집을 운영하다 모든 것을 헌병대에 징발당하고 결국엔 임신한 아내를 남긴 채 자신의 몸마저 징집당한 사에고라는 병사가 충성을 사보타지하는 '대일본제국'의 심리적 대치가 다른 하나이다.

사에고가 존경하는 쿠리바야시 사령관은, 강직하지만 어리석은 부하장교들과는 달리 세계정세를 파악할 줄 아는 지미파(知美派)로서 훈련과 전투에서 병사들이 무의미한 개죽음을 당하지 않도록 배려하는 전략가라고 할 수 있다. 그는 마지막 순간에 자기 옆을 지킨 사에고에게 "가족을 위해 살아남아라"고 말한다.

아들에게 자상한 편지를 보내는 사령관은 그러나 승리를 위해서가 아니라 자명하게 패배가 예정된 최후의 진격에서 "일본은 전쟁에서 질지 몰라도 국민들은 우리 싸움을 기억해 줄 것"이라고 외친다. 결국 그는 "우리는 제국의 황군이다. 남은 유일한 길은 영예롭게 죽어 야스쿠니 신사에서 만나는 것이다. 천황폐하 만세!"를 외치며 무모하게 돌격을 감행한 부하 장교들의 전쟁관과 근본적으로 다른 사상을 가진 것은 아니었다. 그가 비록 상대적으로 개방적인 사고방식을 가졌다고는 하나 '일본제국'이라는 정치 · 군사적 구조의 심리적 포로 상태를 벗어나지는 못했다. 미군의 폭격으로 중상을 당한 채 소총으로 자살하기 직전 병사들에게 "옳다고 생각하는 대로 행동하라, 그것이 정의다"고 말하는 니시 중령의 유언은 진정한 반전(反戰) 메시지였을까?

비록 어떤 정치의식을 가질 수 있을 정도로 유식하지는 못했지만, 사에고가 유황도에서 보여주는 '직무유기성 태만' 이야말로 전장의 정의를 가장 실천적으로 보여주는 장면이라고 볼 수도 있다. 그는 다른 장병들이 기꺼이(!) 목숨을 바치고자 하는 '천황폐하'에게도, 제국의 운명이 달렸다는 그 섬의 전략적 가치에도 아무런 관심이 없다. "이깟 섬 하나 미국에 줘버린다고 뭐 달라지나?"라는 게 그의 생각이고, 두고 온 아내에게 빨리 돌아가 다시 빵집을 열었으면 하는 바램뿐이다. 그것은 일본제국의 사회적 기반을 밑으로부터 갉아먹어버리는 사고방식이었다. 말하자면 이오지마의 사에고는 유대인 수용소의 한나와 인간적으로 너무나 닮은꼴이지만, 그들의 행태는 전혀 다른 정치적 효과를 가져 오고 있는 것이다.

근본적 변화 없는 일본제국의 심리구조

영화 **〈라스트 사무라이〉**(에드워드 즈윅 감독, 2003)는 강요된 문호개방 이후 '천황'이라는 권위의 중심을 통해

근대 일본이 만들어지는 과정을 다소 낭만적으로 그리고 있는, 할리우드에서 여전히 매력적인 요소인 오리엔탈리즘이 짙게 배어 있는 작품이다.

과거 미국의 남북전쟁에서 원주민을 학살하는 데 공을 세웠던 퇴역군인 알그렌 대위(탐 크루즈 분)가 이번에는 일본 신식군대의 훈련교관으로 초빙되어 반정부군과 싸우다가 오히려 그 사무라이 세계에 매료되어 대장인 카츠모토(와타나베 켄 분)와 생사를 같이 한다는 내용이다. 소총을 장전할 줄도 모르는 아시아의 미개인들에게 한 수 가르쳐주면서 돈벼락을 맞아보려고 왔던 알그렌이 '결코 총으로 압도할 수 없는 칼의 혼'이라는 사무라이의 정신을 예찬하게 된 것이다.

일본의 근대화 과정을 정치적 측면에서 보면 그것은

쇼군과 막부라는 실제적 권력과 덴노(천황)라는 전통적 권위체의 이중구조로부터 메이지 유신(1868) 이후 후자 중심의 중앙집권체제가 성립되는 과정이라고 할 수 있다.[5] 하지만 사무라이와 쇼군이 사라졌다고 해서 일본의 이중적 지배구조가 완전히 해체된 것은 아니었다. 1930년대 일본 군국주의가 절정에 달해 잠시 성립된 내부의 대의제 민주주의체제(1920년대 다이쇼 데모크라시)를 파괴하고 만주침략(1931)을 필두로 본격적인 팽창전쟁에 나섰을 때도 군부가 실제권력을 행사하고 그것이 별로 달갑지 않았던 외무성도 결국은 추종하는, 그래서 최종적인 외교정책 결정권의 소재가 불명확한 이중적인 체제였다고 할 수 있다.

그 모든 사태 발전을 추인하고 공모했던 천황은 패전 후에 연합국 점령군 대장인 맥아더 사령관을 만나 '천황은 전쟁을 원치 않았다'고 말했다. 이후 아시아 냉전의 반공 교두보로 설정된 미국의 세계전략 덕분에 일본 국체(國體)의 중심은 살아남았고[6], 여전히 우리는 시대착오적인 일왕의 존재를 '천황'이라고 부르는 대통령이 있는 나라에서 살고 있다.

이오지마에서 개죽음 당한 수많은 병사들, 그리고 아시아 각지에서 '대동아공영권'의 이름으로 희생당한 수백만의 타국인들에게 일본인은 무엇을 말할 수 있는가? 이탈리아나 독일처럼 국가의 외부로부터 근대화 과정에서 소외

5) 다카시로 고이치, 《일본의 이중권력, 쇼군과 천황》(살림출판사, 2006) 참조

6) 2차 대전 후 일본에 관해서는 존 다우어, 최은석 옮김, 《패배를 껴안고: 제2차 대전 후의 일본과 일본인》(민음사, 2009) 참조

7) 마루야마 마사오, 김석근 옮김, 《현대대정치의 사상과 행동》(한길사, 1997)의 제2장. '일본 파시즘의 사상과 행동'

당한 대중들의 조직운동으로 권력을 장악한 것이 아니라, 국가기구 자체가 주동적으로 파시즘화의 길을 걸었던 일본[7]의 지배구조와 그 지배자들의 심리구조는 80년이 지난 지금도 근본적으로는 변치 않고 있는 것이다.

독일제국 연표

서기	772년	샤를마뉴 대제 즉위
	800년	크리스마스에 샤를마뉴가 로마황제의 관을 받다
	962년	오토가 황제로 즉위
	1137~1268년	호엔슈타우펜 왕조 시대
	1439년	합스부르크가의 프리드리히 3세가 왕위에 오르다
	1517년	루터가 로마 카톨릭 비난하는 95개 조항 발표(종교개혁)
	1525년	농민전쟁
	1618년~	30년 전쟁
	1648년	베스트팔렌 조약 체결(유럽에서 근대국가의 영토 및 주권 원칙)
	1710년	프리드리히 대제 즉위
	1806년	라인연방 창설, 프로이센이 나폴레옹군에 패배
	1814~15년	빈회의
	1834년	자유무역 관세동맹 결성(18개 회원)
	1848년	유럽 혁명의 해
	1866년	오스트리아 · 프로이센 전쟁
	1870~71년	프랑스–프로이센 전쟁 뒤 독일제국 탄생
		빌헬름 1세, 황제로 즉위
	1878년	베를린 의회에서 반사회주의법 통과
	1888년	빌헬름 2세 즉위
	1890년	비스마르크 사임
	1897년	중국 칭다오 점령
	1898년	독일의 해군 증강계획 시작
	1914년	벨기에 침공
	1918년	독일 황제 망명, 공화국 선포
	1919년	베르사이유 조약 체결
	1923년 1월	프랑스가 루르 지역 점령
	1923년11월	히틀러가 뮌헨에서 폭동, 실패
	1933년 1월 30일	히틀러가 수상으로 임명됨
	1935년	뉘른베르크 반유대인 법안 통과
	1936년	라인라트 재무장 실시

〈피아니스트〉
〈더 리더〉
〈이오지마에서 온 편지〉
〈라스트 사무라이〉 **229**

1938년 3월	오스트리아 병합
1939년 8월 23일	독(리벤트로프)–소(몰로토프) 협약 체결
1939년 9월 1일	폴란드 침공
1940년 6월 14일	빠리 입성
1941년 6월 22일	소련 침공
1942년 2월 2일	소련의 스탈린그라드 전투에서 독일군 항복
1945년 4월 30일	히틀러 자살, 정전 협상
1949년	동독과 서독으로 분단
1954년	서독이 북대서양 조약기구(나토)에 가입
1961년 8월	베를린 장벽 세워짐
1969년	빌리 브란트 서독 수상 임명
1989년 11월	베를린장벽 무너짐
1990년 10월	독일의 재통일

일본제국 연표

서기	538년	백제에서 불교 전래
	607년	중국 수나라에 사신 파견(견수사 시작)
	645년	대화(大化) 개신
	794년	헤이안쿄(平安京, 교토)로 천도
	1274년	원(元)나라 1차 침입, 실패
	1281년	원나라의 2차 침입, 실패
	1543년	포르투갈인 종자도(種子島)에 표류
	1549년	프란시스코 자비에르, 기독교 전파
	1590년	도요토미 히데요시, 일본 통일
	1592년	도요터미 히데요시, 조선 침략
	1597년	다시 조선 침략
	1603년	에도 막부 성립
	1641년	네덜란드 상관을 나가사키의 出島로 한정
	1804년	러시아 사절이 나가사키에서 통상 요구
	1853년	미국 페리제독, 우라가에 나타나 통상 요구
	1854년	미–일 화친조약 체결

1858년	미-일 통상조약 조인
1863년	조슈 번, 외국선 공격
1864년	4국 연합(영 · 불 · 미 · 네)함대, 조슈 번의 시모노세키 공격
1868년	왕정 복고, 메이지 유신
1869년	판적봉환(막부가 주던 영지와 영민을 천황에게 반환, 번주에게 하사)
1871년	폐번치현 단행(중앙집권 위해 '번' 대신 정부가 수장 임명하는 부 · 현제)
1876년	조선과 강화도조약
1889년	메이지헌법 공포
1890년	교육칙어 발포, 제1회 제국회의
1984년	청-일 전쟁, 승리
1895년	시모노세키 조약, 러시아 주도로 3국 간섭
1899년	서구열강과 맺은 불평등조약 개정, 치외법권 폐지
1902년	영-일 동맹 체결
1904~05년	러-일 전쟁, 승리
1906년	한국에 통감부 설치
1909년 10월 26일	안중근, 하얼빈에서 초대통감 이토 히로부미 암살
1910년 8월 29일	한국병합(데라우치 통감-이완용)
1914년	독일에 선전포고
1915년	중국에 21개조 요구
1917년	미국과 이스트-랜싱 협정
1918년	반혁명군으로 시베리아 출병
1921~22년	워싱턴 회의, 해군 군축조약 조인, 일본공산당 결성 (1922)
1925년	치안유지법(4월), 보통선거법(5월) 공포
1931년	만주 침략
1932년	'마지막 황제' 부의를 꼭두각시로 내세워 '만주국' 설립
1933년	국제연맹 탈퇴
1936년	독-일 방공협정 조인
1937년	중-일 전쟁 발발
1940년	독일 · 이탈리아 · 일본 3국동맹 조인
1941년	소련-일본 중립조약 조인

〈피아니스트〉
〈더 리더〉
〈이오지마에서 온 편지〉
〈라스트 사무라이〉 **231**

1941년 12월 8일	미국의 진주만 기습, 태평양전쟁 발발, 도죠 수상 취임
1942년 6월	미드웨에 해전에서 미군에 패배
1943년 11월	대동아회의(도쿄, 만주국, 중국, 필리핀, 버마, 인도 친일파들 참가)
1945년 8월 6, 9일	미국, 히로시마와 나가사키에 원자탄 투하
1945년 8월 8일	소련, 대일전 참전
1945년 8월 15일	무조건 항복
1946년 5월	극동 국제군사재판 개시, 1차 요시다 내각 성, 신헌법 공포
1950년	한국전쟁 발발
1951년	샌프란시스코 강화조약, 미−일 안보조약 체결
1954년	자위대 발족
1955년	자민당 '55년 체제' 출범
1956년	소련−일본 국교 재개, 국제연합 가입

11장

—

총을 든 자유의 여신상, 아메리카

500자 영화읽기

늑대와 춤을 Dan ces with Wolves ' **케빈 코스트너** 감독, 1990

1863년 북군 중위 존 던바는 위기에 처한 아군을 구하기 위해 남군을 교란하고 작전에 성공한다. 서부를 직접 체험하기 위해 미지의 땅으로 가는 던바는 말을 훔치러 온 수족 인디언들과 접촉하고 그들의 순수성을 알고는 함께 생활한다. 정직과 신뢰로 자신들을 대하며 버펄로의 대이동을 알려주는 그에게 인디언들은 '늑대와 춤을'이라는 이름을 붙여준다. 백인 인디언 여자 '주먹 쥐고 일어서'와 사랑에 빠진 던바는 점차 수족에 동화되어 자연의 순리에 따르는 삶을 산다. 그러나 새로 도착한 주둔군은 이런 던바를 체포하고 상부로 호송하지만 수족들이 그를 구출한다. 그에게 제사장 '발로 차는 새'는 이렇게 이야기한다. "인생에는 여러 갈래의 길이 있겠지만, 내가 제일 관심 있는 것은 진정한 인간의 존재를 추구하는 것이다. 당신은 그 길을 가는 것 같아서 보기가 좋다."

7월 4일생 Born on the Fourth of July ' **올리버스톤** 감독, 1989

건실한 청년 론은 고교시절부터 레슬링 선수로 활약하면서 강인한 신체와 정신을 가지게 된다. 우연히 학교를 방문한 해병대 신병모집소 하사관들의 모습에 반한 그는 자신도 그 길을 걷고 싶다는 꿈을 가지게 되고 미 해병대에 지원한다. 그가 파병된 곳은 베트남. 론은 자신이 기대했던 정의실현을 꿈꾸며 한순간의 실수도 용납되지 않는 전장으로 뛰어든다. 어느 날, 전투 중 자신이 저지른 실수로 월남 민간인들과 아이들을 죽이고, 그 영향으로 전우까지 죽이게 되면서 론은 죄책감과 정신적 부담감에 고통스러워한다. 전투에서 입은 부상으로 가슴 아래가 완전히 마비되어 불구가 된 채 미국에 돌아온 코빅은 그 당시 한창이던 베트남전 반대 데모와 닉슨 행정부에 대한 규탄의 목소리로 술렁거리는 사회 분위기에 쉽게 적응하지 못하고 혼란을 겪는다.

엘라의 계곡 In the Vally of Elah ' **폴 해기스** 감독, 2007

퇴역 군인 행크 디어필드의 소망은 아들 마이크가 명예로운 군인이 되는 것이다. 그런 그에게 어느 날 참전 후 귀환한 아들이 부대로 복귀하지 않았다는 소식이 날아든다. 귀국 소식조차 알지 못했던 행크는 의심스러운 마음으로 아들이 속한 부대로 향한다. 단순히 마약관련 사건으로 아들의 미복귀를 처리하려는 군수사대를 의심한 행크는 지역 관할 형사인 에밀리 샌더스와 함께 직접 아들을 찾아 나선다. 전직 수사관 출신답게 집요하게 사건을 추적해 가던 중 아들 마이크와 전쟁에서 함께 했던 전우들을 만나 전장에서 어떤 일들이 벌어졌는지를 알게 되었고, 사건을 감추려는 군과 지역 경찰의 갈등도 깊어갔다. 마침내 아들의 죽음이 어떻게 조작되었는지 알게 된 행크. 아들의 죽음을 밝히기 위해 그가 할 수 있는 것은 그가 지켜온 신념을 버리는 것뿐이었다.

아바타 Avatar ' **제임스 캐머런** 감독, 2009

미래의 지구는 에너지 부족 문제를 해결하기 위해 먼 행성 판도라에서 새로운 자원을 채취하기 시작한다. 하지만 판도라의 독성 대기로 인간이 활동하기 어렵다는 것을 깨닫고, 행성의 토착민 나비족의 몸에 인간의 의식을 주입한 생명체 아바타를 개발한다. 하반신이 마비된 전직 해병대원 제이크 설리는 죽은 형을 대신해 아바타 프로그램에 참여할 것을 제안 받고 판도라로 향한다. 제이크는 나비족의 무리에 침투해 임무를 수행하던 중 나비족의 여전사인 네이티리와 함께 새로운 모험을 경험하면서 사랑에 빠지게 되고, 판도라의 아름다운 자연에 대해 경이심을 갖게 된다. 나비족의 일원이 된 제이크는 점점 인간보다 아바타로 존재하는 것이 익숙해져 가고 . 자원 채굴업자의 무차별적인 무력 공격에서 제이크는 나비족과 함께 인간에 대항해 승리를 이끈다.

‘아메리칸 드림’ 속에 감춰진 잔혹한 패권주의

〈늑대와 춤을〉

〈7월 4일생〉

〈엘라의 계곡〉

〈아바타〉

‘아메리칸 드림’ 에는 다양한 긍정적 수사가 따라붙는다. 자유와 평등, 경쟁과 호혜, 민주주의와 풍요 등이 바로 그것이다. 2008년 11월에 당선된 흑인 출신의 대통령 오바마까지 아무런 단서 없이 그대로 즐겨 쓰는 이 단어는, 그러나 바로 그 미국의 꿈을 실현시키기 위해 백인들이 원주민 학살과 노예제라는 끔찍한 조직 폭력을 수백 년간 자행한 비극적인 사실을 외면하는 나이브한 인식을 반영하고 있다. 오바마가 아메리카 전역의 부족장들을 초청해 놓고 한 연설에서 "원주민들이 그동안 동등한 기회를 갖지 못했다"고 인정했지만, 그 ‘동등한 기회의 부재’ 는 단지 역대 미국 정부의 무심한 정책 탓이라기보다 ‘아메리카 드림’ 자체가 이주민들에게 부추긴 장밋빛 환상 이면에 잔혹한 살육과 추방의 역사를 감추고 있었기 때문이다. 그 잔혹한 현실의 패러디는 오늘까지 계속되고 있다.

케빈 코스트너가 감독·주연한 영화 〈늑대와 춤을〉 (1990)에서 한 백인 장교의 양심으로 고백하고 고발하는 장면들이 바로 서부개척의 낭만적 신화 뒤에 가려진 저열한 인종제국주의의 실상이다.

때는 1863년, 남북전쟁을 통해 미국이라는 하나의 거대한 통일국가가 탄생하던 시기. 테네시의 한 전장에서 부상을 입은 존 던바 중위는 썩어 가는 자신의 다리를 절단하느니 차라리 죽어버리겠다며 적진을 향해 말을 달린다. 하지만 그의 무모한 돌진을 보고, 죽음을 무릅쓴 용기로 착각한 아군 진영의 사기가 크게 올라 전투에서 승리하자 그는 갑자기 영웅취급을 받고 자신이 원하는 곳 어디든지 전출이 가능하게 된다.

이 운명의 장난으로 말미암아 그는 동부전선에서 서부의 최전방 요새로 가게 된다. 아무렇지도 않게 "인디언 사냥을 하고 싶냐?"는 상관의 질문에 순진하게도 프론티어를 보고 싶다는 답변을 한 결과였다. 시골 헛간 같은 세지윅 요새에 당도한 그는 사람을 기다리며 하루 이틀 체류일지를 써나간다. 즉 이 영화는 바로 그 일기에 기록된, 한 때 아메리카 대륙 서부를 주름잡았던 위대한 기마민족 수족(Siouxs)과 유럽에서 건너온 탐욕스런 백인종의 접촉이 초래한 비극적인 종말에 관한 보고서라고 할 수 있다.

하릴없이 시간을 죽이면서 막사 주변에 출몰하는 늑
대와 친분을 쌓아가던 존은 결국 '인디언' 을 찾아 나선다.
원주민과 틈입자(闖入者), 서로의 존재와 의도를 탐색하던
그들은 처음에는 서로 말이 통하지 않아 신중한 환영의 표
시로 설탕과 커피, 그리고 모피를 주고받으며 우정을 키워
간다. 그러던 어느 날, 존은 어릴 때 납치당해 원주민들과
함께 살면서 '주먹 쥐고 일어서' 라는 이름으로 불리는 백
인 여인을 만나 사랑에 빠지게 된다. 본명이 크리스틴인 그
녀가 시간이 지남에 따라 잃었던 영어를 점차 회복하고 존
은 '늑대와 함께 춤을' 이라는 새 이름을 얻고 수족의 친구
로 받아들여진다.

백인들의 전도된 역사관 담긴 '신대륙 발견'

이제 백인종이라는 우월적 외부자 시선이 아니라 원
주민들의 '내부자 시선' 을 통해 세상을 바라볼 수 있게 된
존은, 자신들에게 무조건 굴복하지 않는 상대를 가차 없이
말살하는 백인들의 야만성에 비해 사냥을 하더라도 필요한
만큼만 고기를 얻고, 가족과 이웃에 헌신하는 원주민의 소
박한 생활과 절제의 윤리에 감동하게 된다. 정치적 패권이
나 경제적 약탈이 아니라 혹독한 기후와 적의 침입으로부
터 겨울 양식과 아녀자들을 지키기 위해 총을 드는 수족과

<늑대와 춤을>
<7월 4일생>
<엘라의 계곡>
<아바타>

237

'제국의 척후병'에서 점차 '제국의 반란자'로 성장해 가는 주인공 존. 하지만 그는 인디언과 진정한 친구가 되었을까? 영화 〈늑대와 춤을〉은 전도된 백인들의 역사관을 거스른 몇 안 되는 영화 중 하나다.

운명을 함께 하면서, 처음에는 순진한 '제국의 척후병'으로 들판의 막사에 도착했으나 점차 불온한 '제국의 반란자'로 성장해가는 존. 하지만 그는 수족의 진정한 친구가 되었을까?

막사에 들렀다 사로잡힌 존에게 미국 군인들은 무지막지한 폭력을 가하면서 '변절한 야만인' 취급한다. 다시 원주민들과 합류한 존은 진심으로 그들과 운명을 함께 하려 하지만, 백인들에게 쫓기는 그의 존재가 오히려 수족에게는 더욱 더 불리한 짐이 되고 만다. 계속하여 서부로 침략해오는 백인종들, 자신이 바로 그 일부였던 '백인종 존'은 얼마 후에 먹구름처럼 몰려올 불길한 학살자들을 예감하며 '내 말을 들을 사람을 찾아보겠다'며 크리스틴과 함께 원주민들 곁을 떠난다. 그때 저 쪽 산등성이에서 "너는

11장
아메리카

항상 내 친구로 남을 수 있느냐?"는 소리가 들렸지만, 그 원주민에게 존은 아무 말도 하지 못했다. 그로부터 13주 후, 또 다른 원주민인 포니족을 앞세운 백인 군인들이 수족 마을을 폐허로 만들어버렸고, 살아남은 자들은 항복하고 네브라스카로 떠나지 않으면 안 되었다. 그리고 '서부는 역사 속으로 소리 없이 묻혀 갔다.'

　　익히 알려진 것처럼 할리우드에서 만들어진 대부분의 서부영화(Western)들은 1492년 콜럼버스의 '신대륙 발견' 이후 정식화된 백인들의 전도된 역사관을 그대로 반영하고 재확인하는 대중적 장치였다. 미국 사회의 지배적 관점을 담고 있는 그런 영화들에서 '인디언' 이라는 생뚱맞은 이름으로 불린 원주민들은 선량한 백인들에게 무자비한 침략자, 약탈자, 납치자로 낙인찍히고, 어느 날 갑자기 총포와 알콜을 들고 들이닥쳐 그 원주민들의 삶터를 빼앗고 유린한 백인들은 선량한 정착자, 고상한 문명인, 평화의 수호자로 간주되었다.

　　〈늑대와 함께 춤을〉은 그런 상투적이고 뻔뻔한 시각을 거스른 수정주의 계열의 영화 중 하나이다. 물론 그것이 수족의 내부로부터 나온 고유한 목소리가 아니라 어쩔 수 없이 원주민들의 운명에 동정적인 백인들의 카메라에 담긴 '또 하나의 시선' 이라는 점을 부정할 수는 없지만 말이다. 원주민들의 목소리와 숨결이 담긴 문학작품들은 이미 여러

권 선보인 바 있지만, 거대한 대중시장을 겨냥하여 대자본이 투여되는 영화라는 매체의 특성상 그런 소수자의 시선을 가진 카메라는 현재로서는 독립영화 수준을 넘지 못할 것이다. 그럼에도 불구하고 《미국민중사》를 쓴 하워드 진 등 진보적 지식인들의 노력에 힘입어 미국 사회에서 점차 확산되고 있는 역사 바로 보기, 자신들의 과거에 대한 성찰의 흐름을 뒤늦게 정치적으로 반영하고 있는 작품들이 일부 존재한다.

'자유 수호' 란 허울 좋은 백인의 의무

1890년대 본격적으로 대외 팽창을 시작한 미국은 몰락해가는 스페인을 내쫓고 중남미 패권을 장악했으며, 태평양의 섬나라들인 괌, 하와이 등을 사기(詐欺)와 무력으로 복속시키고, 아시아의 필리핀까지 식민지로 만들게 된다. 이 시기 미국에서 팽창이데올로기가 널리 확산되고 있을 때 매사추세츠 출신 한 상원의원은 이렇게 썼다.

"지금 대륙들은 미래의 영토 확장과 현재의 방위를 위해 지구상의 모든 쓸모없는 땅을 흡수하고 있다. 이것은 인류의 문명과 진보를 위한 움직임이다. 세계의 대국 가운데 하나로서 미국은 그 행진에서 뒤쳐져서는 안 된다."

또한 대통령 루즈벨트는 "모든 위대하고 주인다운 민

족은 호전적이었습니다. … 평화를 통한 승리는 그 어떤 것
도 전쟁을 통한 승리만큼 위대하지 않습니다"고 연설했
다.[1] 그리고 20세기 초반, 유럽 대전(1914~18)에서 경제력과
군사력을 소진한 영국의 세계 헤게모니가 무너지자 그 자
리를 대신하게 되었으며, 2차 대전(1939~45)을 통해 명실상
부한 세계제국으로서 위상을 확보했다.[2]

　　영화 〈**7월 4일생**〉(올리버 스톤 감독, 1989)은 2차 대전
이후 냉전기에 소련을 적대하며 세계를 쥐락펴락했던 미국
이 맞닥뜨린 가장 곤혹스럽고 치욕적인 한 시기에 대한 자
아비판적 영상물이라고 할 수 있다. 영화의 제목부터 미국
이라는 나라의 탄생에 대한 연대기적 비유이거니와, 주인
공 론 코빅(탐 크루즈 분)의 인생유전은 미국인들이 그토록
열광했던 '자유 수호의 사명'과 그 비극적인 운명에 내재
한 자가당착을 보여주고 있다. 〈지옥의 묵시록〉(프란시스
코폴라, 1979), 〈플래툰〉(올리버 스톤, 1986) 등 베트남전쟁에
대한 미국의 지배적 관점과 거리두기를 해온 작품들의 연
장선상에서 볼 수 있으며, 그런 점에서 이 영화는 68운동이
남긴 문화적 산물의 하나, 즉 미국의 팽창적 대외정책의 그
늘을 조명하는 깨어 있는 시민들의 목소리를 반영하는 것
이라고 할 수 있다.

　　감독이 근본적으로 문제 삼는 것은 영화의 초반부에
나오는 민주당 출신 대통령 존 F. 케네디의 그 유명한 연설

1) 하워드 진, 유강은 옮
김, 《미국민중사1》(시울,
2006), 512쪽
2) 미제국의 형성과 발전
과정에 관해서는 하워드
진, 앞의 책과 케빈 필립
스, 오삼교 · 정하용 옮김,
《부와 민주주의》(중심,
2004) 참조

〈늑대와 춤을〉
〈7월 4일생〉
〈엘라의 계곡〉
〈아바타〉

2차 대전 이후 미국이 내세운 '자유 수호'라는 수사는 결국 과거 야만인에 대한 문명화, 백인종의 우월성 주장과 다르지 않았다. 영화 〈7월 4일생〉은 미국의 팽창적 대외정책의 그늘을 조명하는 깨어 있는 이들의 목소리라 할 수 있다.

이다. "국가가 여러분을 위해 무엇을 해줄 것인가를 기다리지 말고 여러분이 국가를 위해 무엇을 할 것인가를 먼저 생각하라"는, 사뭇 감동적인 선동(!) 말이다. "자유를 존속시키기 위해 어떤 친구라도 돕고 어떤 적과도 싸울 것임을 모든 나라들에게 알리고자 한다"는 그의 외침은, 기실 로마 이래 '제국의 사명' 운운해 온 야심찬 정치가들의 기나긴 연설문 목록에 또 하나를 추가한 것에 불과했다. 단지 그가 노회한 정객이 아니라 워싱턴 정가에는 '참신한' 젊은이로 나타났기 때문에 그의 달변이 정말로 새로운 그 무엇으로 보인 것일 뿐이었지만, 많은 미국인들은 미처 그것을 깨닫지 못했다.

그의 연설에는 과거 유럽 제국주의자들의 웅변과는 달리 신을 모르는 야만인들을 문명화시켜야 한다거나 저열

11장
아메리카

한 유색 인종들에게는 우월한 백인종의 지배가 필요하다는 식의 수사(修辭)가 들어있지 않았다. 그러나 이 위험한 세계에서 '자유 수호'라는 책임을 포기할 수 없다는 그의 단순하고도 단호한 다짐은, 이후 수많은 베트남인과 미국 젊은 이들을 사지(死地)로 몰아넣는 주술(呪術)이자 작전명령이 되었다.

19세기 말~20세기 초반 그의 유럽 선배들이 애용하던 '백인의 사명'과 '문명의 확산'이 단지 '자유 수호'라는 단어로 바꿔치기 된 것이었지만, '러시아 사회주의'와 적대하는[3] 냉전 시대에 그 호소력은 결코 작지 않은 것이었다. 21세기에 접어든 오늘날에도 여전히 케네디를 '위인'의 반열에 올려놓고 흠모하는 많은 한국인들과 미국 바깥의 사람들에게 한 시대의 정치적 아이콘으로 갈채를 받았던, 그리고 댈러스에서 요절한 그의 신화를 부정하기에는 쉽지 않은 것처럼 보인다.

'7월 4일생'인 영화의 순진한 주인공 로니가 그 케네디의 주술에 홀려 엄마의 응원을 받고 교회의 부추김을 받아 애국자가 되겠다며 베트남의 전쟁터로 나가 겪은 일들은 사실 그리 새삼스러울 것이 못된다. 어느 시대 어떤 전쟁터든 거기에는 무모한 용기와 가증스런 위선과 적나라한 살육이 판치는 곳이며, 상식과 인도주의의 윤리가 바보스러운 것으로 경멸당하는 곳이기 때문이다.

3) 미국인들의 '러시아 혐오증'은 뿌리 깊은 것처럼 보인다. 스탠리 큐브릭 감독의 영화 〈닥터 스트레인지러브〉(1963)는 미국의 한 정신 나간 장군이 소련을 향해 대통령의 재가 없이 핵무기를 발사한다는 설정을 하는 블랙코미디이다. 냉전이 거대한 체제 수준의 대결일 뿐만 아니라 미국인들이 러시아에 대해 평소 가지고 있던 적대감과 공포의 반영이기도 하였다는 것이다. 정치군사적인 주제를 다루지 않은 작품이라도 그런 면이 자주 드러난다. 예컨대, 최근에 개봉된 〈어웨이 위 고 Away we go〉(2010)는 러시아와는 아무 상관없이 미국인들의 일상생활을 다룬 영화임에도 뜬금없이 남편이 아내에게 "내가 죽거든 아이들에게 '아빠는 무고한 체첸아이들을 살리기 위해 목숨을 바쳤다'고 하라"는 대사가 나온다.

〈늑대와 춤을〉
〈7월 4일생〉
〈엘라의 계곡〉
〈아바타〉

따라서 전투와는 상관없는 어린이와 여자 등 양민을 난도질한 미국 병사들의 '작전'을 목격하고 대경실색하는 로니, 반대편에서 반사되는 빛 때문에 그가 오발탄을 날려 졸병인 윌슨을 죽이고 양심의 가책으로 괴로워하는 장면, 그리고 1968년 브롱크스 재향군인병원에서 국가예산의 감소로 제대로 된 재활치료를 받지 못하고 동물적인 모욕감을 느끼며 울분을 토하는 것은 그가 제2의 인생을 살기 위해 겪어야 할 고통스런 통과의례인 것처럼 보인다. 또한 형을 애국자로 대접하지 않고 참전을 비판하는 삐딱한 동생 토미와 반전운동에 열심인 여대생 친구 다나는 그런 로니의 각성을 촉구하는 역할을 하는 주변인들이다. 그리고 드디어 로니는 "정부는 우리에게 사기를 쳤다. 우리는 빨갱이 이론을 믿고 참전했지만 모두가 허튼 짓이었다. 더 이상 신은 존재하지 않는다"고 절규한다.

귀향 이후 부모와 치열한 갈등을 겪고 멕시코에서 방종한 생활을 겪은 이후 로니가 자신이 속한 미국 사회의 거짓과 타락에 대한 각성에 이르게 되는 것은, 결국 주인공이 우여곡절 끝에 매우 '건전한' 시민으로 재탄생한다는 할리우드식 영화문법을 크게 벗어나지 않는 것으로도 볼 수 있다. 윌슨의 부모와 그의 젊은 아내 또한 진심 어린 고백을 하는 로니를 용서한다. 로니는 이제 '진정한 애국자'가 되기 위해 워싱턴으로 향하기로 한다.

인간을 파멸로 이끄는 미국의 군산복합체

영화 〈**엘라의 계곡**〉(폴 해기스, 2007)은 〈7월 4일생〉의 2000년대 판본이라 할 만하다. 그것은 1960년대 베트남전에 참전한 일단의 미국 청년들이 '순진한 애국자로부터 의식 있는 시민'으로 재탄생한 지 한 세대가 지난 다음에도 미국이라는 나라가 그 전쟁으로부터 진정으로 배운 것이 없다는 사실을 보여주는 것이다.

아니 좀 더 정확하게 말한다면, 역사상 미국이 유일하게 패배한 전쟁으로 기록된 베트남전쟁을 지휘했던 군·산·정(軍産政) 복합체가 2003년 3월 21일 '공포와 충격'이라는 작전명으로 문명의 고도(古都)인 이라크의 바그다드를 폭격했던 전쟁기계들로 부활했음을 증언해주는 것이다. 그 사이 세계적 수준에서 냉전이 종식되었음에도 불구하고 전쟁을 추동한 미국 사회의 지배구조와 그 자기메시아적 이데올로기가 변화하지 않았고, 따라서 두 영화에서 주인공들이 가졌던 신념과 그것이 자기 눈앞에서 벌어지는 생생한 사건들로 인해 그들의 내면에서 파열되는 갈등의 구도는 기본적으로 동일한 것이다.

이라크에 육군으로 파견된 아들 마이크가 귀국한 것도 모르고 있다가 소속 부대로부터 탈영 소식을 접한 아버지 행크 디어필드 상사(토미 리 존스 분)는 헌병수사관으로

〈늑대와 춤을〉
〈7월 4일생〉
〈엘라의 계곡〉
〈아바타〉

영화 〈엘라의 계곡〉은 군·산·정 복합체의 지배 아래 전쟁터에 나간 이들의 자아 분열과 내면적 고통을 담고 있다. 영화는 결국 이들을 죽이는 것은 적이 아닌 미국의 군국주의임을 고발하고 있다.

복무하다 15년 전 퇴역한 군인이다. 그의 아버지 또한 베트남전 참전 용사였으니 완고한 미국식 애국자 집안의 전통이 3대를 이어오고 있는 셈. 따라서 그가 두 아들에게 "이 집안에 살면서 군대에 가지 않으면 남자도 아니다"고 큰소리친 것은 너무나 당연한 소신의 발로였다. 하지만 뜻밖의 전화를 받고 아내의 불길한 예감을 뒤로 한 채 직접 아들을 찾아 나선 아버지는 바로 며칠 만에 부대 근처 길가에서 토막 난 채 불타버린 아들의 시체 조각들을 대면한다. 공수부대에 지원한 큰아들 데이빗이 헬리콥터 사고로 사망한 지 10년 만에 하나 남은 둘째아들마저 어느 날 갑자기 사라져버린 것이다.

마이크의 죽음을 멕시코 국경지대에서 흔히 벌어지는 마약사고의 하나로 처리해버리려는 소속 군부대와, 적당히

11장
아메리카

동조하려는 지역경찰 간부진은 사건사고가 잦은 지역 어디에서나 찾아볼 수 있는 보수적인 은폐 커넥션. 하지만 자신에 대한 후배 군인들의 형식적인 예의 뒤에 감추어진 음험한 낌새를 눈치 챈 노련한 전직 수사관 아버지와 그에 자극받은 여성 형사 에밀리(샤를리즈 테론 분)는 집요한 추적 끝에 결국 마이크를 죽이고 불태운 범인들이 바로 그의 동료부대원들이었다는 충격적인 사실을 밝혀내게 된다.

왜? 화장실도 샤워기도 없는 거지같은 곳에서, '핵무기를 써서 모두 먼지로 날려버려야 할' (마이크의 동료 병사가 한 말) 그런 야만적인 전쟁터에서 생사를 같이 했던 동료들이 그토록 잔인무도한 살인극을 벌여야 했던 이유는 무엇이었을까. 사건 자체로만 보면 그것은 한밤중 술 취한 병사들끼리 치고받은 단순한 난투극이었다. 하지만, 그것은 겉으로 나타난 사실일 뿐, 진실은 마이크와 그의 동료들이 고락을 같이했던 이라크에 있었다. 아니, 그들을 그 전장으로 파견했던 부대와 그런 부대를 하급단위로 움직이며 세계패권의 명분하에 정치·경제적 이익을 챙기는 펜타곤(국방부)과 백악관에 있었다.

아버지 행크 디어필드 상사 또한 그런 워싱턴 이데올로기의 희생자에 불과했다. 마이크가 이라크 현지에서 "아버지, 여기서 좀 빼내줘요!"라고 울면서 전화했을 때 아버지는 철부지 아들의 투정 정도로 받아들이면서 "긴장을 풀고 안전하게 지내도록 하라"고 답한다. 그 사이 아들은 얼굴도 모르는 이방인들을 위해, 날마다 틈만 나면 자신들을 갈겨버리기 위해 매복하고 있는 '이라크인의 자유와 민주주의를 위해' 미쳐 가고 있었다. 마이크가 그 일촉즉발의 긴장과 두려움을 견뎌내는 방법은 순례를 마치고 돌아가는 남자를 포로로 붙잡아 상처 부위를 콕콕 찌르면서 고문하는 특기를 개발하는 것이었다. 그것은 이제 스무 살 전후, 아직 어린 이라크전 참전 병사들이 집단적으로 정신분열을 일으키고 있다는 사실을 말해주는 하나의 사례였다. 다시 말해 마이크를 죽인 진짜 범인은 그의 동료들과 아버지 뒤에 숨어 있는, 아니 그들 위에서 그들을 조종하는 미국의 군국주의였던 것이다.

영화는 즐겁지만 현실은 잔혹하다

영화 〈**아바타**〉(제임스 카메론 감독, 2009)는 앞으로 새로운 차원에 들어설 지구제국주의를 예기(豫期)하는 정치적·기술적 상상의 산물이다. 내용이 기왕에 나온 어떤 공상과학소설의 표절이라는 등, 너무나 선진적이고 화려한 3D 기술이 세계영화계에 민폐를 끼칠 정도라는 등 열광과 한탄이 크다.

하지만, 주제의식에서 볼 때 이 영화는 미국의 군국주

의를 추동하는 사회집단의 선전에 대중의 추수(追隨)가 더
해질 때 미래의 어느 시점에서 가능할법한 문명의 시나리
오를 미리 보여주는 것이라고 할 수 있다. 아니, 그 대단한
우주 프로젝트의 주체가 반드시 미국의 나사(NASA)와 펜타
곤, 그리고 월스트리트일 필요는 없다. 베이징이나 모스크
바, 뉴델리의 과학자들과 자본가들도 얼마든지 상상할 수
있는 '멋진 신세계'일 수 있을 것이다. 과학주의와 군사주
의의 '행복한 결합'을 거대 자본가들이 기꺼이 후원해준다
면 말이다.

문제는 21세기에 이른 근대문명이 지난 수백 년 동안
걸어온 길을 그대로 간다면 과연 인류와 지구가 얼마나 더
스스로를 감당할 수 있는가 하는 것이다. 자연과 인간을 이
분법으로 나누고, 양적 성장과 타자에 대한 지배를 존재의

목적인양 추구하는 자기착취적인 발전양식을 극복하지 않
고서는 지구라는 별에 만족하지 않고 다른 행성에까지 마
수를 뻗치려는 세력들의 출현은 불가피할 것이다. 미국의
패권이 쇠퇴하고 중국의 부상이 눈에 띄는 상황이지만, 과
연 중국이든 유럽연합이든 '20세기식 패권주의'를 넘어 공
동체와 국가, 인종과 민족, 상이한 문명권들이 상생하는 호
혜적 모델을 만들 수 있는가에 인류의 미래는 달려 있다고
할 것이다.

판도라 행성의 나비족(Na' vi) 외형에 탐욕스런 인간의
의식을 주입하여 원격조종함으로써 저항하는 토착민들을
학살하고 '신성한 숲'을 무자비하게 파괴하면서 자원을 약
탈하고자 하는 시도는 정확히 서부개척의 이름 아래 아메
리카대륙에서 자행된 원주민 몰살과 민주주의의 이름 아래
자행된 이라크전쟁을 패러디한 것으로 보인다. 어떤 영화
가 앞선 다른 영화의 인상적인 장면들을 패러디한 것을 볼
때 우리는 그것을 그저 즐겁게 감상하면 되지만, 지금 이
땅에서 벌어지고 있는 잔혹한 현실의 패러디는 그렇게 한
가롭게 즐길 거리가 되지 못한다.

11장
아메리카

미제국 연표

1492년	크리스토퍼 콜럼버스, 카리브 해의 바하마군도 도착
1497년	존 캐벗, 영국 왕명으로 뉴펀들랜드에 도착
1521년	코르테스, 멕시코의 아즈텍족 정복
1531년	피사로, 페루의 잉카 정복
1607년	영국인들, 버지니아 도착하여 최초 마을 제임스타운 건설
1619년	버지니아에 20명의 흑인노예들 첫 도착
1620년	순례자들 102명이 탄 메이플라워호, 플리머스에 도착
1624~26년	네덜란드인들, 지금의 뉴욕에 뉴암스테르담 건설
1637년	미국인이 띄운 첫 노예선이 메사추세츠 마블헤드항 출항
1756~63년	프랑스−인디언 전쟁(영국과 프랑스가 벌인 북미 주도권 쟁탈전)
1763년	빠리 조약(프랑스, 서인도제도 일부 제외한 북미 전역 상실)
1770년	보스턴 학살
1773년	보스턴 차 사건
1774-75년	1,2차 대륙회의, 조지 워싱턴 지도자로 영국과 전쟁 결의
1776년	13개의 식민지, 영국통치로부터 독립 선포
1782~83년	영국과 여러 조약 통해 영토 확정
1789년	조지 워싱턴, 초대 대통령 취임
1803년	프랑스로부터 루이지애나 매입(서부 확장의 추진력 확보)
1808년	노예 수입, 법으로 금지
1814년	앤드루 잭슨 부대, 800명의 크리크족 학살
1819년	스페인으로부터 플로리다 매입
1823년	먼로 독트린 발표
1830년	인디언 이주령 공포(이후 8년여 동안 남동부에서 원주민 추방)
1831년	버지니아주 사우스샘프턴에서 노예 폭동 발생
1836~45년	'텍사스 공화국', 멕시코로부터 독립선언, 결국 미국에 병합
1838년	체로키족, 서부 이주 '눈물의 행렬' (14,000명 출발, 1,200명만 생존)
1846년	영국으로부터 오리건 지역 양도받음
1846~47년	미국−멕시코 전쟁
1848년	과달루페−이달고 협정(애리조나, 캘리포니아, 네바다, 뉴멕시코, 텍사스, 유타, 서부 콜로라도 지역이 미국 영토로 편입)
1853년	애리조나 남부, 뉴멕시코 남부지역 매입
1861~65년	남북전쟁, 노예제 공식 폐지

1867년	러시아로부터 알래스카 매입(에이커 당 2센트=720만 달러 지불)
1877년	철도노동자 대파업, 사회주의노동당 결성
1886년	시카고 헤이마켓 유혈사태, 미국노동총연맹(AFL) 창설
1890년	운디드니 학살
1896년	열차에서 흑백 차별 무방하다는 판결(플래시 대 퍼거슨 판결)
1898년	쿠바에 파견한 메인호 격침 사건, 스페인과 전쟁 발발 하와이, 필리핀, 푸에르토리코 병합
1899년	미군점령 중 쿠바 아바나에서 대규모 노동시위 발생 필리핀에서 반미저항운동 미국반제국주의동맹 결성
1905년	시카고, 세계산업노동자연맹(IWW) 결성
1917~18년	미국, 1차 대전 참전(미군 5만여 명 사망)
1920년	주식시장 붕괴, 대공황 시작
1932년	프랭클린 루즈벨트, 대통령 당선
1933년	1차 뉴딜 실시
1935년	2차 뉴딜 실시
1941년	일본, 진주만 공습으로 2차 대전 참전
1945년	히로시마, 나가사키에 원자폭탄 투하
1947년	트루먼 독트린, 마셜 플랜
1949년	북대서양조약기구(NATO)에 가입
1950년	한국전쟁, 메카시의원, 반공주의 선동
1954년	흑백차별 인정할 수 없다는 첫 대법원 판결(브라운 대 교육위원회 사건)
1955년	앨라배마주 몽고메리시에서 흑인들의 버스 승차 거부운동 시작
1961년	자유 승차운동 확산, 쿠바 피그스만 침공 실패
1962년	쿠바 미사일 위기
1963년	워싱턴 대행진, 케네디 암살
1964년	미국, 북베트남 폭격 개시
1965년	말콤 엑스 암살, 미군 전투부대, 베트남에 첫 파병
1968년	베트남전 구정 공세, 마틴 루터 킹 목사 암살
1969년	대규모 반전시위, 전국으로 확산
1970년	캄보디아 침공
1972년	워터게이트 스캔들(1974년, 닉슨 대통령 사임)
1973년	미국, 베트남에서 철수, CIA, 칠레 아옌데정권 전복 개입

1975년	베트남 통일(베트남민주공화국)
1979년	이란 주재 미국대사관 인질 사건
1980년	레이건 대통령 당선
1982년	미 해병대, 레바논 침공
1983년	그레나다 침공
1986년	이란-콘트라 게이트 폭로, 리비아 폭격
1989년	파나마 침공
1991년	이라크 침공, 걸프전 발발; 걸프전 반전 시위
2000년	조지 W. 부시, 대통령 당선
2001년	911사태 발생, '테러와 전쟁' 선포 아프가니스탄 침공, '미국 애국자법' 통과
2003년	이라크 침공
2008년	오바마 대통령 당선

〈늑대와 춤을〉
〈7월 4일생〉
〈엘라의 계곡〉
〈아바타〉

참고문헌

강상중, 이경덕 · 임성모 옮김, 『오리엔탈리즘을 넘어서』, 이산, 1997

강정인, 『서구중심주의를 넘어서』, 아카넷, 2004

김려춘, 이항재 외 옮김, 『톨스토이와 동양』, 인디북, 2004

김창진, 『시베리아 예찬』, 이룸, 2007

박지향, 『제국주의: 신화와 현실』, 서울대 출판부, 2007

이삼성, 『동아시아의 전쟁과 평화 1, 2』, 한길사, 2009

인성기, 『빈-예술을 사랑하는 영원한 중세 도시』, 살림, 2007

정수일, 『이슬람문명』, 창작과비평사, 2004

중국 CCTV 다큐멘터리 〈대국굴기〉 제작진, 『대국굴기: 강대국의 조건: 포르투갈 · 스페인』, 안그라픽스, 2007

황인우 지음, 홍광훈 · 홍순도 옮김, 『거시중국사』, 까치, 1997

니콜라스 V. 랴쟈노프스키, 『러시아의 역사 2, 1801-1976』, 까치, 1990

닐 퍼거슨, 김종원 옮김, 『제국』, 민음사, 2006

다니엘 리비에르, 최갑수 옮김, 『프랑스의 역사(개정판)』, 까치, 2000

다카시로 고이치, 『일본의 이중권력, 쇼군과 천황』, 살림출판사, 2006

로버트 W. 그레그 여문환 · 윤상용 옮김, 『영화 속의 국제정치』, 한울아카데미, 2007

로버트 O. 팩스턴, 손명희 · 최희영 옮김, 『파시즘: 열정과 광기의 정치혁명』, 교양인, 2005

로저 프리이스, 김경근 옮김, 『혁명과 반동의 프랑스사』, 개마고원, 2001

레지널드 존스턴, 김성배 옮김, 『자금성의 황혼』, 돌베게, 2008

레프 톨스토이, 류필하 옮김, 『전쟁과 평화 1』, 이룸, 2001

마루야마 마사오, 김석근 옮김, 『현대대정치의 사상과 행동』, 한길사, 1997

마르쿠스 아우렐리우스, 천병희 옮김, 『명상록』, 숲, 2005

마르크 페로, 주경철 옮김, 『역사와 영화』, 까치, 2000

마크 마조워, 김준형 옮김, 『암흑의 대륙: 20세기 유럽 현대사』, 후마니타스, 2009

막스 베버, 박성수 옮김, 『프로테스탄티즘의 윤리와 자본주의 정신』, 문예출판사, 1998

버나드 루이스 엮음, 김호동 옮김, 『이슬람 1400년』, 까치, 2001

빌헬름 라이히, 황선길 옮김,『파시즘의 대중심리』, 그린비, 2006

새뮤얼 헌팅턴, 이희재 옮김,『문명의 충돌』, 김영사, 1997

스티븐 하우, 강유원 · 한동희 옮김,『제국』, 뿌리와 이파리, 2007

시오노 나나미, 김석희 옮김,『로마인 이야기 1-15권』, 한길사, 1995-2007

아놀드 하우저, 백낙청 · 염무웅 공역,『문학과 예술의 사회사: 현대편』, 창작과 비
평사, 1974

아리스토텔레스, 천병희 옮김,『정치학』, 숲, 2009

알리스 셰르키, 이세욱 옮김,『프란츠 파농』, 실천문학사, 2002

앙드래 군더 프랑크, 이희재 옮김,『리오리엔트』, 이산, 2003

에드워드 기번, 김희용 · 윤수인 외 옮김,『로마제국 쇠망사 전 6권』, 민음사, 2008-10

에드워드 사이드, 박홍규 옮김,『오리엔탈리즘』, 교보문고, 1996

에릭 홉스봄, 이용우 옮김,『극단의 시대: 20세기 역사 상, 하』, 까치, 1997

에이미 추아, 이순희 옮김,『제국의 미래』, 비아북, 2008

올랜도 파이지스, 채계병 옮김,『나타샤 댄스』, 이카루스미디어, 2005

유아사 다케오, 신미원 옳김,『세계 5대제국 흥망의 역사』, 일빛, 2005

웬디 브라운, 이승철 옮김,『관용: 다문화제국의 새로운 통치전략』, 갈무리, 2010

위르겐 오스터함멜, 박은영 · 이유재 옮김,『식민주의』, 역사비평사, 2006)

윌리엄 존스턴, 고원 · 김래현 · 변학수 외 옮김,『제국의 종말, 지성의 탄생: 합스부
르크 제국 의 정신사와 문화사의 재발견』, 글항아리, 2008

조반니 아리기, 강진아 옮김,『베이징의 애덤 스미스』, 길, 2009

존 다우어, 최은석 옮김,『패배를 껴안고: 제2차 대전 후의 일본과 일본인』, 민음사,
2009

존 H. 엘리엇, 김원중 옮김,『스페인 제국사, 1469-1726』, 까치, 2000

존 킹 페어뱅크 · 멀 골드만, 김형종 · 신성곤 옮김,『신중국사(수정증보판)』, 까치,
2006

J.J. 클라크, 장세룡 옮김,『동양은 서양을 어떻게 계몽했는가?』, 우물이 있는 집,
2004

K. R. 브래들리, 차전환 옮김,『로마제국의 노예와 주인』, 신서원, 2001

콜린 존스, 방문숙 · 이호영 옮김,『케임브리지 프랑스사』, 시공사, 2001

케네스 O. 모건 엮음, 영국사학회 옮김, 『옥스퍼드 영국사』, 한울아카데미, 1997

케빈 필립스, 오삼교·정하용 옮김, 『부와 민주주의』, 중심, 2004

키어런 앨런, 박인용 옮김, 『막스 베버의 오만과 편견』, 삼인, 2010

타임라이프북스, 김한영 옮김, 『전쟁과 평화: 제정러시아, AD1696-1917』, 가람기획, 2005

타임라이프북스, 김훈 옮김, 『제국의 종말: 오스트리아-헝가리 제국, AD1848-1918』, 가람기획, 2005

패트리샤 버클리 에브리, 이동진·윤미경 옮김, 『케임브리지 중국사』, 시공사 2006

프랜시스 로빈슨 외, 손주영 외 옮김, 『케임브리지 이슬람사』, 시공사, 2003

하워드 진, 유강은 옮김, 『미국민중사 1, 2』, 시울, 2006

한나 아렌트, 『예루살렘의 아이히만: 악의 평범성에 대한 보고서』, 한길사, 2006

헤로도토스, 천병희 옮김, 『역사』, 숲, 2009

호메로스, 천병희 옮김, 『일리아스』, 숲, 2007

호메로스, 천병희 옮김, 『오뒷세이아』, 숲, 2009

Doyle, Michael W., Empires, Itacha, N.Y. and London, 1986

Griffin, R. ed., Fascism, Oxford: University Press, 1983

Shohat, E. and Stam, R. Unthinking Eurocentrism, London & New York: Routledge, 1994